# Führungskräfteentwicklung

Claus D. Eck
Jana Leidenfrost
Andrea Küttner
Klaus Götz

# Führungskräfteentwicklung

Angewandte Psychologie
für Managemententwicklung
und Performance-Management

Mit 9 Abbildungen

Claus D. Eck
Gehrenstrasse 18
8810 Horgen, Schweiz

Andrea Küttner
Weidenweg 2
75382 Althengstett

**Prof. Dr. Klaus Götz**
Universität Koblenz-Landau
Institut für Erziehungswissenschaft
Bürgerstraße 23
76829 Landau

Dr. Jana Leidenfrost
Im Ländle 24
71334 Waiblingen

ISBN-13 978-3-642-41059-8      ISBN 978-3-642-41060-4 (eBook)
DOI 10.1007/978-3-642-41060-4

Die Deutsche Nationalbibliothek verzeichnet diese Publikation in der Deutschen Nationalbibliografie; detaillierte bibliografische Daten sind im Internet über http://dnb.d-nb.de abrufbar.

**Springer Medizin**
© Springer-Verlag Berlin Heidelberg 2014
Dieses Werk ist urheberrechtlich geschützt. Die dadurch begründeten Rechte, insbesondere die der Übersetzung, des Nachdrucks, des Vortrags, der Entnahme von Abbildungen und Tabellen, der Funksendung, der Mikroverfilmung oder der Vervielfältigung auf anderen Wegen und der Speicherung in Datenverarbeitungsanlagen, bleiben, auch bei nur auszugsweiser Verwertung, vorbehalten. Eine Vervielfältigung dieses Werkes oder von Teilen dieses Werkes ist auch im Einzelfall nur in den Grenzen der gesetzlichen Bestimmungen des Urheberrechtsgesetzes der Bundesrepublik Deutschland vom 9. September 1965 in der jeweils geltenden Fassung zulässig. Sie ist grundsätzlich vergütungspflichtig. Zuwiderhandlungen unterliegen den Strafbestimmungen des Urheberrechtsgesetzes.

**Produkthaftung:** Für Angaben über Dosierungsanweisungen und Applikationsformen kann vom Verlag keine Gewähr übernommen werden. Derartige Angaben müssen vom jeweiligen Anwender im Einzelfall anhand anderer Literaturstellen auf ihre Richtigkeit überprüft werden.

Die Wiedergabe von Gebrauchsnamen, Warenbezeichnungen usw. in diesem Werk berechtigt auch ohne besondere Kennzeichnung nicht zu der Annahme, dass solche Namen im Sinne der Warenzeichen- und Markenschutzgesetzgebung als frei zu betrachten wären und daher von jedermann benutzt werden dürfen.

Planung: Dipl.-Psych. Joachim Coch, Heidelberg
Projektmanagement: Axel Treiber, Heidelberg
Lektorat: Angela Wirsig-Wolf, Wolfenbüttel
Projektkoordination: Barbara Karg, Heidelberg
Umschlaggestaltung: deblik Berlin
Fotonachweis Umschlag: © Getty Images/Wavebreak Media
Herstellung: Fotosatz-Service Köhler GmbH – Reinhold Schöberl, Würzburg

Gedruckt auf säurefreiem und chlorfrei gebleichtem Papier

Springer Medizin ist Teil der Fachverlagsgruppe Springer Science+Business Media
www.springer.com

# Vorwort

In einer Zeit der Krisen, Paradigmenwechsel und Neubeginne – einer Zeit, in der wir alle und die Welt in Bewegung sind – stehen vor allem Unternehmer, Führungskräfte und Personalentwickler vor besonderen Herausforderungen. Sie sind gefragt als strategische Architekten mit Weitblick, geschäftliche Verbündete mit Verhandlungsgeschick, operative Gestalter höchster Komplexität, glaubwürdige Katalysatoren von Veränderungen, gefragte Integratoren von Interessen und Kulturen, stabile Größen mit emotionalem Gleichmut und vieles mehr! Zahlreiche Widersprüche sind zu bewältigen und die eigene Wandelbarkeit ist Voraussetzung, um immer wieder neue, »vitale« Lösungen für die Weiterentwicklung der Organisation zu finden. Wann und wo haben sie Möglichkeiten, sich dazu inspirieren zu lassen? Wie gelingt es, Organisationen auf die nächste Stufe der Performance und Weiterentwicklung zu führen? Und vor allem: Wie werden die Menschen einer Organisation dazu »beflügelt«?

Uns Autoren liegt dabei die Zukunftsfähigkeit von Organisationen und die Professionalität der darin agierenden Menschen am Herzen. Freilich sollen Einzelpersonen nicht überschätzt werden, denn vielmehr ist es die Interaktion aller Beteiligten und die Einbettung in stimmige Strukturen und Prozesse, welche zählt. Wenn das mit strategischem Bewusstsein geschieht und an die aktuell zu gestaltenden Aufgaben anknüpft, dann können jene »Führungs-Kräfte« entstehen, die Organisationen, Institutionen, Gesellschaften etc. tragen und die Grundlage für eine gelungene Performance sind. Das heißt insbesondere Qualitäten wie Innovationskraft, Produktivität, Umsetzungsstärke, Kommunikations- und Integrationsfähigkeit, Veränderungsfreude und die Reflexionsfähigkeit in Bezug auf Haltungen, Denk- und Handlungsmuster.

Deshalb laden wir Sie ein, sowohl die spezifischen als auch sie komplexen Führungsanforderungen der heutigen Zeit sowie deren Implikationen für eine nachhaltige Personal- und Organisationsentwicklung zu verstehen und vor allem »aus der Praxis für die Praxis« relevante Aspekte einer erfolgreichen Umsetzung zu entdecken. Denn hierauf wurde besonders Wert gelegt: eine theoretische Einbettung einerseits sowie konkrete, praktikable Anregungen für das eigene Tun andererseits.

Herzlichen Dank an alle, die uns bei der Entstehung mit ihren Fragestellungen, Ideen und als Vorbilder geleitet und bestärkt haben und auch ein Danke an den Springer-Verlag, der tatkräftig die besten Rahmenbedingungen für eine schnelle Umsetzung verfügbar gemacht hat.

**Claus D. Eck**
**Klaus Götz**
**Andrea Küttner**
**Jana Leidenfrost**

# Autorenportraits

**Claus D. Eck**
war nach dem Studium der Theologie und Sozialwissenschaften (Frankfurt/M. und Lausanne) im Bereich HRM eines internationalen Konzerns in Lausanne tätig. Von 1966 bis 2003 arbeitete er am Institut für Angewandte Psychologie (IAP) Zürich als stellvertretender Direktor mit dem Schwerpunkt der Fachlichen Betreuung und Koordination. Langjähriger Lehrbeauftragter an den Universitäten Zürich (Gesprächsführung und Gruppendynamik) und seit 1989 in Aix-en-Provence (Organisationspsychologie) und Gründer mehrerer berufsbegleitender Diplomausbildungen (MAS) am IAP. Neben der Lehrtätigkeit Managementberatung in mannigfaltigen Projekten in der Schweiz und in Europa.

**Klaus Götz, Univ.-Prof. h. c.,
Univ.-Prof. Dr. phil.**
war von 1982 bis 2002 hauptberuflich in der Wirtschaft tätig (Personal, Bildung, Management). Seit 2002 ist er Professor für Weiterbildungsforschung und -management an der Universität Koblenz-Landau. Gastprofessuren an Universitäten in Österreich (Klagenfurt, Innsbruck, Graz), der Schweiz (Zürich), Russland (Murmansk), USA (Maryland), Japan (Tokyo) und Spanien (Valencia). Honorarprofessor an der Universität Bremen.

### Andrea Küttner, Dipl.-Psych.

ist selbstständige Unternehmerin. Schon während ihres Studiums hat sie vielfältige Erfahrungen in der Begleitung von Menschen gesammelt, sowohl im klinisch-rehabilitativen Kontext als auch im Feld der Personal- und Organisationsentwicklung. Zahlreiche Weiterbildungen im systemischen und psychotherapeutischen Bereich runden ihr ganzheitliches Profil ab. Ihre Arbeitsschwerpunkte liegen in der Begleitung von individuellen Entwicklungsprozessen im Rahmen von Training und Beratung sowie im Coaching und Psychotherapie in eigener Praxis.

### Jana Leidenfrost, Dr.

studierte Psychologie an den Universitäten Jena und Klagenfurt. Seit 1998 ist sie im Feld der internationalen Führungskräfteentwicklung tätig. Zunächst als Programm-Managerin und Trainerin der Daimler Corporate Academy und seit 2010 freiberuflich in eigenem Unternehmen JL. Sie coacht Einzelpersonen und Teams und konzipiert Maßnahmen zur Führungskräfteentwicklung in zahlreichen Unternehmen. Ihre Spezialgebiete sind Fragen der Potenzialentfaltung sowie des Gesundheits- und Performancemanagements. Geprägt durch zahlreiche Aus- und Weiterbildungen im systemischen und hypnotherapeutischen Bereich sowie durch ihre Vorliebe für die Arbeit mit Analogien (zum Sport, zum japanischen Zen, zum Film), favorisiert sie eine ganzheitliche Arbeitsweise, die Körper, Geist und Seele integriert.

# Inhaltsverzeichnis

| | | |
|---|---|---|
| 1 | **Einleitung** | 1 |
| | *Jana Leidenfrost* | |
| | | |
| 2 | **Management-Entwicklung (ME) als strategischer Prozess** | 5 |
| | *Claus D. Eck* | |
| 2.1 | Worum es geht | 7 |
| 2.2 | Management – Leadership – oder Steuerung? | 8 |
| 2.3 | Nicht die Absicht zählt – die Wirkungen zählen | 11 |
| 2.4 | Strategische Bedeutung und Prozess | 15 |
| 2.5 | Strategische Management-Entwicklung und Strategien der ME | 17 |
| 2.6 | Kompetenzen – Metakompetenzen – Capability – Ethos | 20 |
| 2.7 | Wie also funktioniert der strategische Prozess ME? | 28 |
| | | |
| 3 | **Aus der Praxis für die Praxis: ganzheitliche Dimensionen einer zukunftsfähigen Führungskräfteentwicklung** | 33 |
| | *Jana Leidenfrost und Andrea Küttner* | |
| 3.1 | Einleitende Worte – There must be another way | 35 |
| 3.2 | Dimension 1: Kernauftrag – Kompetenzentwicklung *und* Potenzialentfaltung | 38 |
| 3.2.1 | Einflüsse, die Führungskräfte aktuell als prägend erleben | 39 |
| 3.2.2 | Implikationen für die Führungskräfteentwicklung – Worin sehen Sie Ihren Kernauftrag? | 42 |
| 3.3 | Dimension 2: Maßstäbe für eine erfolgreiche Umsetzung – Kunsthandwerk Führung | 45 |
| 3.3.1 | Theorie als Maßstab – Inhaltliche Gestaltung | 45 |
| 3.3.2 | Erfahrung als Maßstab – das Führungshandwerk beherrschen und die Führungskunst vorleben | 47 |
| 3.3.3 | Akzeptanz als Maßstab – Was bieten Veranstaltungen, die als besonders und nachhaltig gelten? | 48 |
| 3.3.4 | Ausgewählte konkrete Veranstaltungsbeispiele | 52 |
| 3.4 | Dimension 3: »Lernformate und innere Haltung« – Ob Kinder lernen, was wir ihnen beibringen wollen, ist fraglich, unser Benehmen dabei lernen sie allemal | 58 |
| 3.4.1 | Sich gegenseitig dienlich zu sein, ist eine solide Grundlage für Beziehung | 61 |
| 3.5 | Dimension 4: »Erfolgsfaktoren« – auf einen Blick: quadratisch, praktisch, gut | 63 |

| | | |
|---|---|---|
| **4** | **Performance Management** | 67 |
| | *Klaus Götz* | |
| 4.1 | Das Humankapital als Bedingung für profitables Wachstum | 68 |
| 4.2 | Performance messen | 69 |
| 4.3 | Performance managen | 71 |
| 4.4 | Balanced Scorecard als ein »Tool« des Performance Managements | 72 |
| 4.5 | Intellectual-Capital-Ansatz als ein »Tool« des Performance Managements | 74 |
| 4.6 | Implikationen für das Human Resource Management | 76 |
| | **Serviceteil** | 81 |
| | Literatur | 82 |
| | Stichwortverzeichnis | 88 |

# Einleitung

*Jana Leidenfrost*

Wir alle kennen Situationen, in denen uns bewusst wird, wie stark die inneren Haltungen aller Beteiligten unsere Resultate und Erfolge beeinflussen! Wir empfinden die Unterschiede, wenn uns Menschen mit Skepsis und Zurückhaltung oder mit Neugierde und Begeisterungsfähigkeit gegenübertreten. Das ist bei Begegnungen mit Menschen ebenso wie im Kontakt mit Organisationen, wenn wir beispielsweise dort arbeiten, zu Gast oder Kunde sind. Wir spüren die Haltung, die in dieser Organisation »lebt«. Und wir können erahnen, wie gut diese Organisation für kommende Herausforderungen gewappnet ist.

Denn heutzutage hängt die Zukunftsfähigkeit unserer Organisationen in entscheidendem Maße davon ab, wie lebendig, kreativ und innovativ sie sind, d. h. wie sie sich verändern und mit Komplexität – welche auch immer Diversität bedeutet – umgehen können. Im Konkreten ist es also die Frage, wie es allen Beteiligten gelingt, auf veränderte Rahmenbedingungen umsichtig zu reagieren und kreativ die vorhandenen Potenziale zu entfalten.

Innovatives Denken, integratives Handeln und v. a. gelingende personale Prozesse sind zu den wichtigsten Größen der unternehmerischen und gesellschaftlichen Entwicklung geworden. Strukturen und Prozesse wollen optimiert, Grenzen verstanden, Visionen neu generiert, Verbundenheit gefördert und »Führungs-Kräfte« im wahrsten Sinne des Wortes gezeigt werden – so dass sich in den einzelnen Kommunikationen das ausdrückt, was im Großen strategisch erwünscht ist. Es gilt Menschen zu bewegen und zu »berühren«, sie auf andere Wege einzuladen und ihre Begeisterungsfähigkeit für neue Lösungen zu erhalten! Das heißt mit Unsicherheiten umzugehen und gleichwohl »beweglicher« als auch »stabiler« Partner zu sein.

Die Rahmenbedingungen dafür entstehen nicht von selbst, es gilt sie zu nähren und entsprechende Grundlagen dafür zu legen. Dabei wird im theoretischen ebenso wie im praktischen Dialog sehr schnell auf die betroffenen Führungspersonen, das Management ganz allgemein geschaut. Auch gesellschaftspolitisch gelten Ausbildung und Personalentwicklung des Führungskreises im Speziellen als wichtige Ressource und als erfolgskritischer Faktor, wenn es um die Zukunftsfähigkeit von Organisationen geht. Derweil werden einige Aspekte tendenziell unterschätzt:

a. das Zusammenspiel bzw. die Interaktion der Menschen eines Unternehmens untereinander,
b. die besondere Abstimmung der Strategie einer Organisation mit den unternehmerischen/institutionellen Prozessen und Rahmenbedingungen und
c. die professionelle Erweiterung bestehender Management- und Performancesysteme um qualitative Größen und Erfolgsfaktoren, die beispielsweise die Kompetenz aller Mitarbeiter und den Kunden als Wettbewerbsfaktoren integrieren.

Diese 3 Dimensionen werden im vorliegenden Band gesondert aufgegriffen. Unter dem Titel »Führungskräfteentwicklung« werden somit Grundlagen für die erfolgreiche Entwicklung von Führungskräften und »Führungs-Kräften« thematisiert. Damit wird dieser allgemeine Begriff im mehrfachen Sinne des Wortes beleuchtet und es wird auf eine professionelle Umsetzung fokussiert.

- Im ersten Beitrag (▶ Kap. 2) geht es dabei um die Entwicklung der »Führungs-Kräfte«. Das heißt, wie kann die Entwicklung des Managements geschehen, so dass es ein bewusster, strategischer Prozess ist und v. a. diejenigen »Kräfte« im Besonderen fördert und reproduziert, die für die Ausrichtung und das Wachstum eines Unternehmens/einer Institution/einer Organisation relevant sind? Welche Methoden eignen sich dafür? Welche Instrumente sind stimmig zu bestehenden strategischen Zielen? Welche Ethik liegt im besten Sinne zugrunde und wie wird aus, z. T. rhetorischen Bekenntnissen einer Managemententwicklung eben jene praktische und praktikable »Bewegung«, die zur Entfaltung der »Führungs-Kräfte« durch das Management führt? Mit Systematik und Definition, mit Reflexion und gezielter definitorischer Auseinandersetzung bietet der Beitrag insbesondere Orientierung und Übersichtlichkeit für das Management.
- Im zweiten Beitrag (▶ Kap. 3) werden die »Führungskräfte«, d. h. die Menschen und deren Entwicklung, Ausbildung und Entfaltung, im Besonderen fokussiert. Aus der Perspektive des Individuums werden die Einflüsse reflektiert, die aktuell als prägend und herausfordernd erlebt werden. Wie können Führungskräfte selbst zukunftsfähig bleiben und wie kann eine umsetzungsstarke Führungskräfteentwicklung diese Veränderungen und Anforderungen berücksichtigen? Was bieten Maßnahmen, die von den Führungskräften selbst am stärksten akzeptiert werden und als etwas Besonderes gelten? Wie können PersonalentwicklerInnen, BeraterInnen und TrainerInnen Möglichkeiten schaffen, um die Führenden in ihrer Rolle zu stärken und wirksam zu deren Professionalisierung beizutragen? Wie lässt sich die gewünschte innere Haltung der Führungskräfte bereits im Lernformat spiegeln? Dabei liefern verschiedene Perspektiven, konkrete Veranstaltungsbeispiele sowie gezielte Hinweise zur Gestaltung von Maßnahmen zahlreiche Ansatzpunkte zur Inspiration »aus der Praxis für die Praxis«.
- Im dritten Beitrag (▶ Kap. 4) wird der Blickwinkel vom Einzelnen auf die Organisation als Ganzes erweitert und es werden Rahmenbedingungen thematisiert, die eine bessere Leistungs-, Entwicklungs- und Innovationsfähigkeit der gesamten Organisation zum Ziel haben. Um

im bisherigen Bild zu bleiben: Systeme, die es ermöglichen, die Führungskräfte (als Personen) sowie die »Führungs-Kräfte« (als Qualitäten) eines Unternehmens optimal zur Wirkung zu bringen. Dazu werden Performancemanagementsysteme vorgestellt, die eine zukunftsorientierte Entwicklung von Personen, Strukturen und Prozessen als Ganzes ermöglichen. Leitend sind dabei Fragestellungen wie: Wie können Unternehmen hinsichtlich ihres Kompetenzbestands besser steuerbar und kontrollierbar werden? Wie kann das sog. Humankapital effizient bei der Umsetzung einer Unternehmensstrategie berücksichtigt werden? Wie wird Leistung in diesem Sinne messbar, steuerbar und letztlich auch steigerbar? Wie lassen sich Einzelmaßnahmen zur Leistungssteigerung in einem Gesamtmanagementsystem abbilden, koordinieren und evaluieren? Welche Rahmenbedingungen kann ein Managementsystem schaffen, unter denen die Mitarbeiter und Führungskräfte ihre Potenziale ausschöpfen können? Neben den grundlegenden Erläuterungen und dem Verständnis derartiger Systeme wird exemplarisch auf 2 konkrete Instrumente eingegangen: die Balanced Scorecard (BSC) und der Intellectual-Capital-Ansatz. Dabei wird v. a. die Bedeutung derartiger Systeme für die Wettbewerbsfähigkeit der Unternehmen deutlich.

Die jeweiligen Beiträge bieten somit ganz unterschiedliche Blickwinkel auf eine gelingende Personal- und Führungskräfteentwicklung. Auch wenn dabei jeder Beitrag für sich genommen gelesen werden kann, entsteht in der Summe darüber hinaus ein Gesamtbild, welches konkrete Ansätze für die Praxis skizziert.

# Management-Entwicklung (ME) als strategischer Prozess

*Claus D. Eck*

2.1 Worum es geht – 7

2.2 Management – Leadership – oder Steuerung? – 8

2.3 Nicht die Absicht zählt – die Wirkungen zählen – 11

2.4 Strategische Bedeutung und Prozess – 15

2.5 Strategische Management-Entwicklung und Strategien der ME – 17

2.6 Kompetenzen – Metakompetenzen – Capability – Ethos – 20

2.7 Wie also funktioniert der strategische Prozess ME? – 28

C. D. Eck et al., *Führungskräfteentwicklung*,
DOI 10.1007/978-3-642-41060-4_2, © Springer-Verlag Berlin Heidelberg 2014

Management-Entwicklung (ME) ist in der Tat ein strategischer Prozess – aber was darunter zu verstehen ist und was es für die Konzeption, Gestaltung und Evaluation der ME bedeutet, bedarf der Vertiefung, um von der Rhetorik zur Praxis zu kommen. Pettigrew et al. schreiben (2002, S. 3): »Strategy and management is at the moment an aspiration not an accomplishment«. Das galt nicht nur 2002, sondern gilt auch jetzt und auf unabsehbar lange Zeit, weil sowohl das Management als auch die Strategie – und deren Entwicklung – vielfältige Grenzen und Beschränkungen erfahren. ME als strategischer Prozess muss aus den nebulösen Imponierformulierungen herausgelöst werden und das verbreitete Missverständnis, welches auf die Formel »Strategische ME = ME des Top-Management-Segments« gebracht wird, muss einem adäquaten Verständnis weichen. Dazu bedarf es einer Reflexion darüber, was Management ist und überhaupt kann und was an einer Strategie wirklich strategisch ist.

Dieser Beitrag will hauptsächlich die Reflexion, das Nachdenken über die grundlegenden Zusammenhänge der ME anregen und alimentieren. ME ist eine besondere Schnittstelle; als **Management** gehört sie in den Bereich des »Regierens«, der Macht (vgl. ▶ Abschn. 2.3), als **Entwicklung** gehört sie in den Bereich der »education«, des Lernens, Förderns, der »Erziehung« und Bildung. Soll ME ein strategischer Prozess sein, muss sie sich mit den Treibern und Wirkfaktoren beider Bereiche kritisch und konstruktiv auseinander setzen.

Die **Transferleistung** beim Durcharbeiten dieses Beitrags besteht vor allem darin, sich folgende 3 Fragestellungen zu beantworten:
1. Wie kann ME zu einem Teil der »**strategic conversation**« werden? In jeder Organisation und über alle Stufen der Hierarchie wird ein ständiger, mindestens informeller Diskurs über die Strategie (bzw. Strategien) der bzw. in der eigenen Organisation geführt. Wie kann nun ME Thema dieser Diskussionen und Gespräche werden? Nicht nur informell, faktisch, sondern formell, thematisiert – nicht bürokratisiert. Nicht so sehr durch »Umfragen und Analysen«, sondern in »Circles«, deren Impulse auf- und ernstgenommen, eingebracht und koordiniert werden.
2. Welches sind die für eine gegebene Organisation geeignetsten **Methoden**, um sowohl die vorgefundene, existierende Situation als auch die zukünftigen Situationen und Konstellationen verlässlich zu analysieren, zu verstehen und Impulse für Veränderungen zu generieren? Wie können Methoden des **Management-Audit** und der »strategic conversation« kombiniert werden?
3. Wie kann das Management *aller Hierarchiestufen* darin unterstützt werden, sich mit der ME als einem wesentlichen Teil ihrer jeweiligen »primary task« zu identifizieren? Der Einbezug des Managements in

die ME beschränkt sich häufig auf **Budgetfragen** (d. h. Kosten), rhetorische Unterstützung und einen gelegentlichen Auftritt in einer »Kick-off-Veranstaltung« oder einem Workshop. Das macht ME aus der Sicht des Managements vor allem zu einem Kosten- und Störfaktor.

Ein Vergleich sei gestattet: Aus der Biologie wissen wir, dass jeder lebende Organismus einen Teil der aufgenommenen Nahrung sofort dem Reproduktionssystem zuführt. Nur das sichert nachhaltig die Existenz der Spezies. Dem Management muss bewusst sein, dass ein wesentlicher Teil seiner Aufgabe und seiner Erfolgskriterien die Reproduktion der Organisation, der Funktion, der Erfolgsfaktoren in der Zukunft ist. Wobei in komplexen Organismen Reproduktion immer auch Variation, Transformation, Mutation, Innovation ist. Die Frage ist also, welchen Anteil das Management an der ME hat. Wie sind die Managementinstrumente (»Tools«), das Assessment- und Rewardsystem mit den strategischen Zielen der ME koordiniert?

## 2.1 Worum es geht

In komplexen, macht- und interessensrelevanten Bereichen der Gesellschaft (bzw. deren Institutionen und Organisationen) bildet sich regelmäßig eine Unterscheidung heraus, die bis zur Gegensätzlichkeit führen kann: jene in **Rhetorik** und **Praxis.** Das haben u. a. die Arbeiten von Michel Foucault (z. B. 1972) und Jean-François Lyotard (z. B. 1979) eindrücklich aufgezeigt. Rhetorik als die oft idealisierende Darstellung und Legitimation von Interessen, Absichten und Verhältnissen und Praxis als die real existierenden Zustände, Handlungen und Unterlassungen. Die Organisationspsychologen Charles Argyris und Donald A. Schön fassten diese Unterscheidung in die Begrifflichkeit von »espoused theory«, d. h. die offizielle, hochgehaltene, durchaus aufrichtig intendierte Absicht und ihre Begründung, und »theory in use«, d. h. die tatsächlich, v. a. in Kollisionssituationen praktizierten Grundsätze, Entscheidungsmuster und Verhaltensweisen. Die gesellschaftspolitisch interessierte Psychoanalyse hat diese Unterscheidung aufgenommen unter dem Titel »Sprachfiguren« und »Praxisfiguren« (vgl. z. B. Lorenzer, 1974, 1977).

In Organisationen überhaupt und besonders in deren bedeutsamen Konkretionen Management – Human Ressource (HR- bzw. HRM) – Personalentwicklung (PE bzw. HRD) ist dieser doppelte Aspekt der Wirklichkeit sehr spürbar. Dies gilt u. a. auch, weil durch eine entsprechende Rhetorik die Praxis legitimiert, öfters auch verschleiert und die positive Reputation (Goodwill) gestärkt werden soll. In allen diesen Bereichen werden sehr intensive Diskurse geführt: akademische, professionelle und praxis- bzw. erfahrungsorientierte. Und es existiert eine vielfältige Praxis. Da Bildung auch gesellschaftspolitisch als eine Schlüsselressource gesehen wird, ist die Personalentwicklung, zumindest rhetorisch, von ausschlaggebender Bedeutung, und da dem Management (in seinem tatsächlichen Vermögen zwar tendenziell überschätzt; ▶ Abschn. 2.2) eine Schlüsselrolle für den unternehmerischen Erfolg zugeschrieben wird, bekommt die Management-Entwicklung eine strategische Bedeutung.

---

**Management-Entwicklung**

Als Management-Entwicklung (**ME**) verstehen wir alle jenen internen und externen Politiken – Institutionen – Investitionen – Veranstaltungen (Inszenierungen) – Maßnahmen – und deren Evaluation, welche geeignet sind,
1. die Funktion Management tauglich und effektiv zu machen und für diese Funktion Personen zu rekrutieren bzw. Gremien einzurichten und
2. diese zu befähigen, ihre Managementrollen zu übernehmen, zu gestalten und durchzusetzen.

Adressat bzw. Träger der Management-Entwicklung können sein: Individuen, Gruppen, Organisationen sowie interne Spezialisten und externe Agenturen (Berater, Ausbildungsstätten, professionelle und akademische Institutionen).

---

Einige der durch diese Umschreibung der ME auftauchenden Fragen werden in ▶ Abschn. 2.5 aufgenommen. Periodisch erfährt die ME fundamentale **Kritik** aus der Academia, der Profession und der Praxis [vgl. die neueren Beispiele aus den sog. Critical Management Studies (CMS) und die daraus abgeleiteten Critical Management Education Studies (CMES) von u. a. Huysman, 1999; Ortenblat, 2002; Staudt & Kriegsmann, 2002; Perriton & Reynolds, 2004; Elkjaer & Vince, 2009; und mehr aus einer Insiderperspektive: Kühl, 2007; Gris, 2008; Galdynski & Kühl, 2009; Cunliffe, 2009].

## 2.2 Management – Leadership – oder Steuerung?

Eck (2007b) unterscheidet neben den sekundären Formen der **Einflussnahme** auf und in Organisationen als **Dingwelt** (»Hard Factors«) und als **personale Welt** (»Soft Factors«) 3 Grundformen der primären Einflussnahme: Steuerung (Kybernetik) – Management – Führung (Leadership)

(Eck, 2007b, S. 14–17). Das Verhältnis dieser 3 Grundformen kann in der Praxis unterschiedlich bestimmt und gestaltet werden. Eine Möglichkeit besteht z. B. darin, die optimale **Vernetzung** von Dingwelt und personaler Welt im Spannungsfeld von Steuerung und Führung formal als die primäre Aufgabe des Managements zu bestimmen. Aber wie auch immer in gegebenen Organisationen das Verhältnis der 3 primären Einflussfaktoren bestimmt wird, es gilt die fragende Feststellung von Barker (1997): »How can we train leadership if we do not know what leadership is?« (S. 343). Oder eben: »Wie können wir ME betreiben, wenn wir nicht wissen, was Management ist?« Genau das ist die Herausforderung: Ein diffuses, nur sektorielles Verständnis von Management kann niemals verlässliche und inspirierende (heuristische!) Grundlage einer ME sein.

Nun kann es hier nicht die Aufgabe sein, die weit verzweigte Diskussion zu kommentieren, was das Management an sich (und seine Wirkfaktoren) sei. Dazu muss auf die reichlich vorhandene Literatur, Aufsätze, Monographien, Handbücher, Enzyklopädien und die einschlägigen, v. a. englischsprachigen Fachjournale verwiesen werden. Hingegen soll hier in einer Metaperspektive auf 3 grundlegende Charakteristiken der Situation und Bedingungen des Managements hingewiesen werden. Gegenüber den Idealisierungen des »heroischen Managements« müssen auch die vielen Begrenzungen des Managements als Funktion, Rolle und Person gesehen werden.

1. Das Management ist herausgefordert und tendenziell überfordert sowohl durch eine wachsende Komplexität, die nicht mehr wirklich bewältigbar ist, sondern nur noch versucht werden kann intelligent zu reduzieren, als auch durch ökologische Gesetzmäßigkeiten, wie sie z. B. in dem Kurvenverlauf der sog. Populationsdichte von Organisationen und Branchen dargestellt werden (vgl. Hannan & Freeman, 1989). Diese wird durch Faktoren und Dynamiken vorangetrieben, welche vom Management – und d. h. immer: einem einzelnen Unternehmen (Firma, Konzern) – gar nicht direkt wesentlich beeinflusst werden können. ◻ Abb. 2.1 veranschaulicht – ansatzweise – diese Komplexität und Dynamik.

   Diese grundlegende Situation zu verkennen führt zur **Steuerungs- und Kontrollillusion** wie sie v. a. das »heroische Management« zu entwickeln pflegt (Baecker, 1994; Mintzberg, Simons & Basu, 2002). Die nicht nur finanzwirtschaftlichen Katastrophen, Fehlentscheide und das Systemversagen der letzten Jahre haben neben der Systemkritik v. a. auch die Funktion und Institution Management ins Visier genommen. (Vgl. u. a. Pfläging, 2009; Nassehi, 2012.)

   Das Können, die Kunst des Managements besteht demzufolge in den Fähigkeiten, mit der Peristasis (griech. »das Herumstehende, Vorhandene«), d. h. mit den realen Gegebenheiten, den Personen, den Wirkfaktoren, Trends und Vektoren einer gegebenen Situation/Aufgabe konstruktiv und zielführend umgehen zu können. Wohlgemerkt ein **Umgehen**, ein Coping finden, kein Beherrschen – eines der Lieblingsworte der Managementillusion! Das waren übrigens schon wichtige Einsichten der antiken Führungslehre, z. B. bei Odysseus (vgl. Jullien, 2005; Eck, 2007a; 2009b), des taoistischen Verständnisses von Führung und Management (vgl. Eck, 2003a) und einer buddhistischen Wirtschaftsethik (vgl. Brodbeck, 2011).

2. Das Management weist häufig einen **Handlungsüberschuss** und ein **Reflexionsdefizit** auf. Das ist u. a. auch eine Konsequenz der gängigen Praxis der Management Education – von den Hochschulen bis zur internen ME. Richard Whipp (1997, S. 261–275) analysierte nicht nur die Texte, sondern auch das »Schweigen« (»silence«) der Managementtheorien und -ausbildungen und er nennt als »third major silence« das »lack of reflexivity« (S. 270). Zu diesem zentralen Aspekt der ME und zu Ansätzen zur Aufarbeitung dieser Defizite äußern sich auch Jordan, Messner & Becker (2009), die nicht nur »reflection on action«, sondern v. a. »reflection in action« anmahnen, und Eck (2010b). Ohne Frage werden sowohl im akademischen, professionellen Bereich als auch in der Praxis ein großer Forschungsaufwand und konzentrierte intellektuelle Anstrengungen erbracht bzgl. der zu lösenden gegenwärtigen und zukünftigen Probleme des Managements. »Studium« (eines Problems, einer Situation) wird dies genannt. Denken, als »Studieren«, ist aber nicht gleich Reflektieren. Reflektieren, »Überlegen«, das Nachdenken ist diesbezüglich eine Metafunktion und erfordert eine zeitliche und geistige Distanzierung und einen weiteren Horizont als die unmittelbar gegebene Aufgabenstellung, nämlich z. B. »Bildung« und »Ethik« (vgl. ◘ Abb. 2.7). Zu den zahlreichen Themen notwendiger Reflexion gehört dann beispielsweise auch die Frage nach der **Generalisierbarkeit** managerialer Lehre und Praxis. Management als Wissenschaft gehört zu den Sozialwissenschaften und Management als Praxis ist kulturspezifisch. Sozialwissenschaft und Praxis des Managements generieren hauptsächlich »local knowledge«. Und da stellt sich die Frage nach ihrer nützlichen und möglichen Transferierbarkeit, nicht nur interkontinental, sondern auch intern z. B. von der jeweiligen (Konzern-)Zentrale zur jeweiligen Peripherie, von der Theorie (Betrachtung) in die Praxis, d. h. in »das Handeln«. Das zeigt die Begrenzung der Managementtheorien und -modelle, die immer nur kontextuell sein können, aber auch der sog. Global Processes weltweiter Konzerne, welche neben einer immensen Bürokratie v. a. geeignet sind, die Unterschei-

dung zwischen »reported reality« und »actual reality« zu vertiefen. Zu den tendenziell vernachlässigten Reflexionsthemen bzgl. einer nachhaltigen Managementstrategie gehören auch **Reichweite** und **Bezogenheit** (»relatedness«) managerialer Entscheidungen. In einer globalisierenden und dicht vernetzten Wirtschafts- und Politikwelt stellen sich Fragen nach dem **Verhältnis des Allgemeinen** (»Globalen«), Gemeinsamen, **zum Partikularen** (»Lokalen«). Dies thematisiert den Gegensatz von »Verträglichkeit« (ökologische, kulturelle, soziale, personale) der Managementpraxis vs. Leugnung »jeglicher Sozialverpflichtung des arbeitsteilig wirtschaftenden Kapitals per Wegzugdrohung« (Hogrefe, 2009, S. 116, Fn. 197). Vgl. auch Günther Jakobs (2008) und C.D. Eck (2013).

3. Die grundlegendste Rahmenbedingung der Managementwissenschaft und Managementpraxis ist der »Geist des Kapitalismus« (Max Weber). Die bisher bekannten 3 Phasen des Kapitalismus bildeten nicht nur die für ihn förderlichen politischen Rahmenbedingungen heraus, sondern ließen auch die der jeweiligen Phase dienlichen bzw. für sie notwendigen Managementlehren entstehen. Vgl. dazu Boltanski & Chiapello (2003), Whitley (1999), Baecker (2003), Kittsteiner (2008), Eck (2009a), Ruh (2010).

Das (meist nicht reflektierte) erkenntnisleitende Interesse des Mainstreams der akademischen und professionellen Managementlehre und -methoden ist die Stabilisierung der kapitalistischen Wirtschaftsordnung in einer ihrer Varianten, wie z. B. der sozialen Marktwirtschaft oder dem Neoliberalismus, was durchaus Detailkritik an lokalen Ausprägungen einschließen kann.

Globale und/oder ökologische Erschütterungen (Marktversagen, Systemzusammenbrüche, Katastrophen, Krisen) destabilisieren auch die (ideologischen bzw. kulturtypischen) Axiome der Wissenschaft und der Praxis des Managements. Desgleichen können aber auch wissenschaftliche, technische oder gesellschaftliche »Schlüsselinnovationen« stark veränderte Ausgangslagen und Rahmenbedingungen für das Management schaffen. Dies wiederum führt zur Frage: »Für welche Art Management in welchen gesellschaftlichen Kontexten und Zeithorizonten sollen Manager entwickelt werden?«

## 2.3 Nicht die Absicht zählt – die Wirkungen zählen

Die Managementrhetorik – verstärkt durch die Medien und das Bedürfnis vieler Menschen nach Heroen als Autoritäts- und Identifikationsfiguren, aber auch als potenzielle »Sündenböcke« – artikuliert hauptsächlich Ideal-

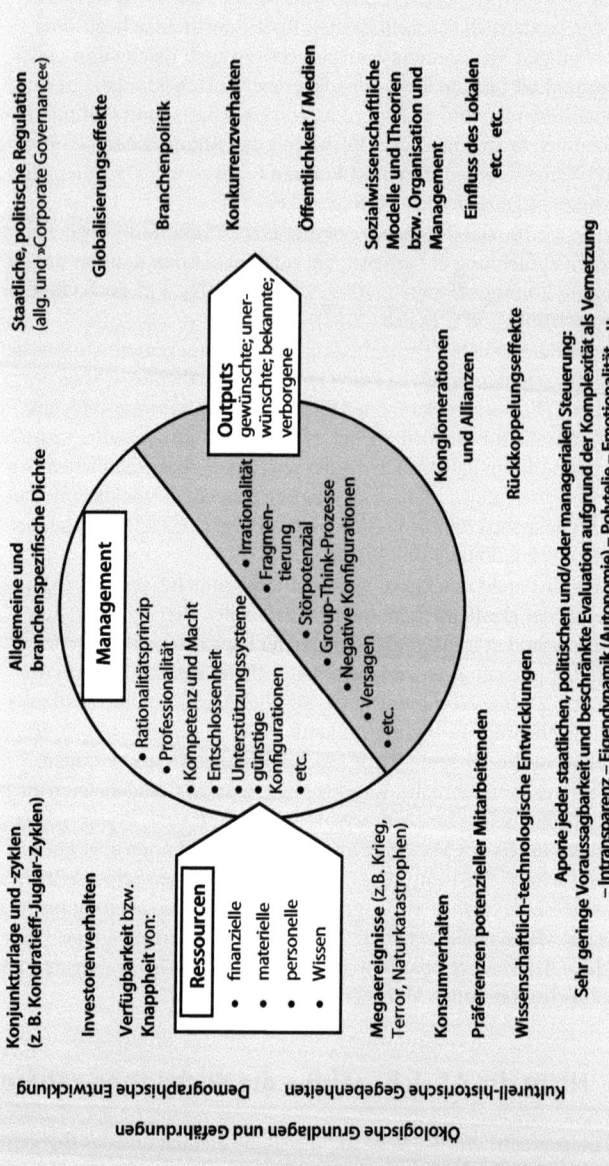

**Abb. 2.1** Organisation und Management in ökologischer und raum-zeitlicher Betrachtung

vorstellungen, Wünsche, (meistens gute) Intentionen. Und ohne Frage sind Bestrebungen (das sog. Wollen) ein sehr starker Antrieb. Was aber Wirklichkeit schafft, erfahren wird und zu beurteilen ist, das sind die *Wirkungen*, nicht die Absichten, die Erfolge – inkl. der Nebenwirkungen – und das Verhältnis Input–Output, Investition–Ertrag, jedoch nicht nur in einer rein finanziellen Sichtweise. **Wer** bzw. wer alles beurteilt die Wirkungen und Nebenwirkungen des Managements, befindet über den Erfolg, und **wann** (Zeithorizont), und welche **Rückkoppelungen** gibt es diesbezüglich, und auf welchem **Anspruchsniveau** geschieht dies alles? In der »reflexiven Moderne« besteht ein großer Teil der zu lösenden Herausforderungen darin, die [häufig schwerwiegenden, manchmal katastrophalen (Risiken)] **Folgen** früherer Politik- und Managemententscheidungen zu bearbeiten. Die tendenziell immer kürzer werdenden Zeiträume (Dauer) sowohl der Besetzungen im Topmanagement (durchschnittliche Verweildauer von CEOs 2005: 7,5 Jahre, 2008: 4,7 Jahre; vgl. »Süddeutsche Zeitung« Nr. 216 v. 19./20.09. 2009, S. 23) als auch der Gültigkeit von Politiken und Strategien und der organisationellen Dispositionen (z. B. die ständig geänderte Aufbauorganisation und dauerndes Reengineering als Kompensationsversuche von Ratlosigkeit und tatsächlicher Inkompetenz von Teilen des Managements; vgl. » … in 2 Jahren 3 Reorganisationen!«) verschärfen dieses Problem erheblich.

Wie ◼ Abb. 2.1 lässt auch ◼ Abb. 2.2 erkennen, dass die große Herausforderung des Managements darin besteht, einen konstruktiven Umgang mit Dilemmata, Paradoxien und Widersprüchen zu finden. Vollmundigkeit ist verdächtig, Bescheidenheit – gepaart mit Beharrlichkeit – ist vonnöten. Management als eine spezifische Form des Regierens gehört zwar zu den notwendigen, unverzichtbaren Aufgaben der Menschheit, in denen diese aber, einer Einsicht Freuds zufolge (GW XIV, S. 565) als einer »der drei unmöglichen Berufe« »notorisch scheitert« oder »positiv gewendet«, es nur **Grade der Erfüllung** geben kann.

Der leicht jargonhafte Ausdruck »Soft (Factors)« in der Sprache des Managements hat tatsächlich, wenn auch »als Ausdruck einer juristischen Verlegenheit in der Zuordnung solcher Instrumente, hinter denen kein klar erkennbarer Rechtsbindungswille steht« (Herdegen, 2008, S. 150), als »Soft Law« in das Völkerrecht Eingang gefunden. Auch der Manager ist im Sinne Martin Bubers lediglich »Urheberwesen«, also gerade nicht so sehr der »Macher« als Held oder gelegentlich Antiheld, sondern der, welcher etwas ermöglicht, andere befähigt (vgl. Empowerment) und auf den Weg bringt. Mehr nicht. Denn was daraus wird, entzieht sich angesichts der Komplexität (◼ Abb. 2.1) einer linear-kausalen Wirkung. Die größten Einflusschancen hat das Management jeweils »am Anfang«, im Schaffen günstiger Ausgangslagen für Ziele und Projekte. Der weitere Verlauf entzieht sich oft

**Kapitel 2** · Management-Entwicklung (ME) als strategischer Prozess

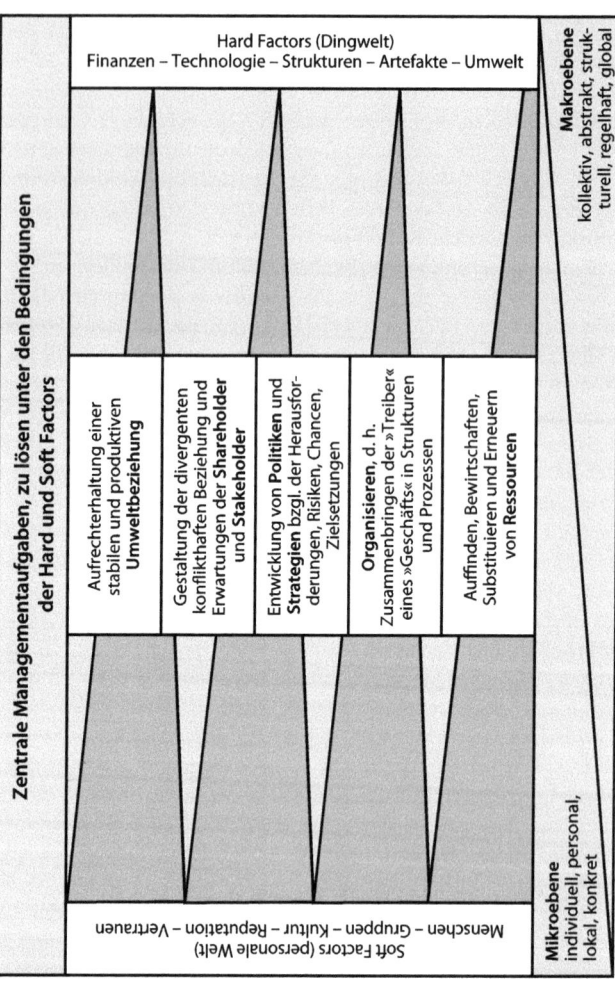

**Abb. 2.2** Zentrale Managementaufgaben

direkter Steuerung und Kontrolle. Aber »Urheber«, »Initiator«, »Auf-den-Weg-Bringer« sein, das ist schon sehr viel. Interessant ist, dass dies nicht erst neuere, moderne Einsichten sind. Das war schon viel früher die »bessere« Einsicht aus einer »schlechten« Praxis. Das *Daudedsching* (Tao-teking) von Laudse (Lao-tse), um das Jahr 400 v. Chr. entstanden, das auch als eine Führungslehre gelesen werden muss, da es sich intensiv mit Fragen des Herrschens, Regierens, Führens beschäftigt, resümiert z. B. im 1. Buch, Kap. 17 in der für dieses Werk charakteristischen Kürze und Dichte eine Typologie von Herrschenden, ein häufiges Schicksal des Zerfalls der Beziehung zu den Mächtigen, die Basis der jeweiligen Einstellung im Verhältnis von Führern und Geführten und das Prinzip der Partizipation und Identifikation:

» zuerst wussten die niedrigen kaum von den herrschern
später drängten sie sich um sie und rühmten sie
sie zu fürchten lernten sie später
dann zu verachten
wo das vertrauen fehlt
spricht der verdacht
wahre herrscher legen nicht wert auf worte
von wert sind alle ihre taten
von selbst getan erscheinen sie dem volk
(Übersetzung von Ernst Schwarz, 1978;
3. Aufl. 1988 in DTV-Klassik Nr. 2152, S. 67)

## 2.4 Strategische Bedeutung und Prozess

Management und seine effektive Qualität ist zweifellos von strategischer Bedeutung für eine Organisation und dies in einem doppelten Sinne. Im Rahmen der in ▶ Abschn. 2.2 skizzierten generellen Beschränkungen und der unvermeidbaren Unschärfen, Managementerfolg zu definieren, zu attribuieren und zu beurteilen, ist das Management aber grundsätzlich verantwortlich für die Erreichung der unternehmerischen Ziele und damit der Existenzsicherung der Unternehmung. Die Qualität des Managements zeigt sich in der Fähigkeit, Chancen und Risiken rechtzeitig und realistisch zu identifizieren, erreichbare Ziele zu vereinbaren, die sich zeigenden Erschwernisse und Gegenkräfte zu überwinden und Voraussetzungen zu schaffen, die relevanten Probleme einer stabilen Lösung, mindestens Optimierung zuzuführen. Und überdies sollte das Management **Krisen** nicht aussitzen, sondern bewältigen können.

Das impliziert für das Management iterative **Lernprozesse.** Lernt das Senior Management? Immer noch? Oder *hat* es gelernt – früher? Was aber wäre *jetzt* zu lernen? Lernt es das »Richtige«? Wie lernt das Management – und in welcher Zeitspanne? Was macht den Unterschied aus zwischen Lernen und hektischem Reagieren? Die Qualität des managerialen Lernens ist die *eine* strategische Bedeutung. Die andere liegt in dem Sachverhalt, dass das Management mittelbar und ganz unmittelbar, entweder **Förderer** oder **Verhinderer** des Lernens vieler anderer ist, d. h. der Mitarbeitenden, der Gruppen, Organisationseinheiten und letztlich der Organisation als Ganzes. »Le système sait« – man kennt in jeder Organisation die Probleme, ihre Ursachen und möglichen Lösungen. Das Subsystem Management ignoriert oder entwertet oft dieses an sich vorhandene Wissen und die Bereitschaft, etwas zu verändern, d. h. zu lernen. Die effektive **Förderung oder Verhinderung** geschieht am wenigsten durch die Rhetorik (also: was wie gesagt wird) und nur sehr beschränkt über Budgets, aber sehr direkt, wirksam und unmittelbar durch das eigene Vorbild (Lernen am Modell) und mittelbar durch den Aufbau und die Pflege einer **Lernkultur** (von der das Management selbst aktiver Teil ist). Diese Lernkultur ist gekennzeichnet durch professionelle, lernwirksame **Konzepte und Methoden** sowie durch ein angstfreies und stimulierendes **Lernklima**, durch das Lernen fördernde **Organisationsstrukturen** (z. B. eine adäquate, konstruktive Matrixorganisation) und eine Praxis, in der Lernen und Weiterbildung nicht Privileg und Kompensation sind, sondern ein selbstverständlicher Bestandteil der **Organizational Citizenship**. In einer solchen Lernkultur sind »Fehler«, »Umlernen«, »Verlernen«, »Experimentieren« »Sich-anregen-Lassen«, »Probieren«, »Wissen des Nicht-Wissens« ganz positiv konnotiert. Ob und wie dem in einer Organisation tatsächlich so ist, das ist die zweite strategische Bedeutung der Qualität des Managements.

Was aber meint »strategisch« konkret: Welche Kriterien bestimmen darüber? Vom militärischen Herkunfts- und Bedeutungsfeld abgesehen (griech. *strātēgós*, Heerführer, Befehlshaber; *strātégma*, Plan, List; usw.) und von einer etwas inflationären Verwendung des Worts in der Managementrhetorik (Managementliteratur), kann der Begriff »strategisch« im Zusammenhang mit Management in die in ◘ Tab. 2.1 dargestellte Übersicht gefasst werden.

Die große Herausforderung besteht aber nicht nur in der **Entwicklung** einer Strategie, sondern vor allem in deren **Implementierung.** Wie gelangt man von der Strategie zur Handlung (Praxis)? Wenig erfolgreiche Strategien sind dies oft nicht so sehr aufgrund ihrer analytischen, konzeptuellen Mängel, sondern weil es nicht gelang (gelingt), sie wirklich zu implementieren, d. h. tatsächlich und für alle davon Betroffenen handlungsleitend zu machen. Das gilt vollumfänglich auch für die strategische Management-Entwicklung.

**Tab. 2.1** Was ist (überhaupt) strategisch?

| Allgemeine Kennzeichen von Strategien | Bezüglich welcher Inhalte? | Gegenüber wem? |
|---|---|---|
| Sind **proaktiv**. Haben einen **längerfristigen** Zeithorizont. Haben einen **nachweislichen Einfluss** (»Hebelwirkung« – »Weichenstellung«). Sind trotz der Adaptionsfähigkeit eher **stabil** und **stabilisierend**. Sind verpflichtend und binden Ressourcen (Investition). Sind **personenunabhängig**. Verbinden **Analyse** und **Ideen/Werte**. | Die Antworten und Antizipationen bzgl. der **thematischen** Felder (Chancen, Probleme, Herausforderungen etc.), welche für die Organisation als Ganzes (bzw. einer ihrer zentralen Funktionen) **zukunftssichernd und ökonomisch erfolgreich** sind, führen zu politischen Entscheidungen und dem Aufbau sog. strategischer Erfolgspositionen (Pümpin, 1992). | Die Identifikation der internen und externen **strategischen Partner** in **Kooperations**- und/oder **Konkurrenzrollen** (vgl. Anschlussfähigkeit als Voraussetzung von Kontinuität, Entwicklung vs. Abbruch). Strategien erfordern ein »Buy-in« der an der Umsetzung der Strategie Beteiligten. Glaubwürdige Strategien haben oft einen *narrativen* Charakter; sie sind cum grano salis Teil einer »großen Erzählung«. |

## 2.5 Strategische Management-Entwicklung und Strategien der ME

Jede Strategie definiert sich zunächst durch formale Kriterien (vgl. Tab. 2.1), dann aber durch die **Inhalte**. Diese Inhalte, also das, was die Strategie aussagt, sind eine **Antwort** auf

a. die Herausforderungen (Veränderungen, Chancen, Risiken), denen sich eine Organisation gegenübergestellt sieht, und
b. die Zielfrage, d. h. die grundsätzlichen Entscheidungen bzgl. der prioritären Zielsetzungen in einem Zeithorizont von 3 bis ca. 6 Jahren und der Wegrichtungen, auf denen die Zielsetzungen erreicht werden sollen und können, und
c. die legitimen Erwartungen bzgl. »Rückerstattung«. Warum, wozu sollte ich oder jemand sich engagiert und loyal zu einer Strategie verhalten?

Für diese anspruchsvolle mentale Arbeit braucht es neben **Methoden** immer auch einen **Bezugsrahmen**. Je offener, breiter der Bezugsrahmen einer

Strategieentwicklung ist, desto aufwändiger, diskussionsreicher ist der Entwicklungsprozess, aber desto größer sind die Chancen, eine zielführende, verlässliche und implementierbare Strategie zu finden.

Was grundsätzlich für den Prozess jeder Strategiefindung relevant ist, gilt auch für den Bezugsrahmen der strategischen Management-Entwicklung (◘ Abb. 2.3).

Die Literatur (Fach- und Handbücher) liefert eindrückliche Listen von Wissen, Skills, Kompetenzen und Metakompetenzen (wie z. B. Charisma, vgl. Eck, 1999), welche für das Management als erforderlich oder doch wünschenswert angesehen werden. Diesen Listen liegen bestimmte Vorstellungen von Management und Managern zugrunde, oft auch Idealisierungen, Heroisierungstendenzen und legitimierende Ideologien.

Der Prozess der strategischen Management-Entwicklung ist jedoch nicht nur ein **deduktiver Prozess,** etwa: Situationsanalyse und Positionierung → strategische Unternehmensziele → Folgepolitiken (z. B. HRM + HRD) → Management-Entwicklung → Verwirklichung und Evaluation. In jeder dieser Phasen bzw. Schritte können aus der Management-Entwicklung selber substanzielle Beiträge zur Managementaufgabe an sich kommen, und die Potenziale bzw. Einsichten, welche durch die ME generiert werden, eröffnen der strategischen Unternehmensentwicklung (ME/UE) neue Optionen. So verstanden ist professionelle ME selbst wesentlicher Teil der Unternehmensentwicklung und der Corporate Governance. Dies wird allerdings erst dann voll ermöglicht, wenn die strategische ME nicht im Wesentlichen an interne Experten (evtl. unterstützt durch renommierte externe Agenturen) delegiert wird. Impulse für ME müssen aus der konkreten Aufgabenerfüllung und Problemlösung kommen.

Strategische ME, die diese Bezeichnung verdient, ist nämlich nur um folgenden Preis zu haben:

- Das Senior Management identifiziert sich tatsächlich und nicht nur rhetorisch mit der ME, d. h. es comittet spürbar, was sich untrüglich an den Verbindlichkeit schaffenden koordinativen Tätigkeiten zeigt, die nur das Senior Management veranlassen kann. ME ist nicht etwas Separates, typischerweise als »off-the-job« bezeichnet, sondern ME hat vielfältige Schnittstellen zu sowohl dem operativen als auch strategischen »Geschäft«. ME kann nämlich nur dann wirkungsvoll sein, wenn die ME-Aktivitäten und -Praktiken nicht nur mit den übrigen HRM-Tools und Instrumenten im engeren Sinn abgestimmt werden, sondern mit *allen* diesbezüglichen relevanten unternehmerischen strategischen Entscheidungen. ME ist eine Form des »eingreifenden Denkens« (B. Brecht SW Bd. 7; vgl. Eck, 2014). Das wird oft spannungsvoll sein, aber gerade in der bewussten Auseinandersetzung mit dem wechselseitigen Impact von ME und Unternehmensentwicklung

## 2.5 · Strategische Management-Entwicklung

| Was zu tun ist: • wahrnehmen/ entdecken • analysieren/ verstehen • verknüpfen/ kombinieren • koordinieren/ synchronisieren | **Realitäten** als • sachliche Erfordernisse, • strukturelle + aktuelle Gegebenheiten und absehbare Entwicklungen, verfügbare/ • beschaffbare personelle und finanzielle Ressourcen • existierende Restriktionen | **Traditionen** • allgemeine *kulturelle* und *branchentypische Einflüsse* • *Zeitgeist* • usw. | **Spielräume** für • *Innovationen* • *Kreativität* • *Synergien* • *Alternativen* • usw. |
|---|---|---|---|
| **Die Organisation** • ihre *Konstitution* und *Positionierung* • im unmittelbaren und mittelbaren *Umfeld* • wohin sie zu *bewegen* bzw. worin zu *verändern* ist | | | |
| **Management als Funktion** Wie sie in den verschiedenen Bereichen und Stufen nachweislich erforderlich ist und gestaltet werden soll | | | |
| **Manager/innen** als • *Träger* der Funktion Management (Mittel zum Zweck), • *Personen* (Subjekte) (Selbstzweck; I.Kant), die sich einer völligen »Programmierung« und Kontrolle entziehen (Autonomie) | | | |
| Die **Funktion** und **Profession Management-Entwicklung** • Konzepte, Methoden, Tools • Interne und externe Partner • »State of the art« • Support/Infrastrukturen • Evaluation | | | |

◻ **Abb. 2.3** Minimiertes Raster des Bezugsrahmens der strategischen Management-Entwicklung

(UE), Business Development zeigt sich das Commitment des Senior Managements. ME braucht die Interaktion und v. a. die **Koordination** (Abstimmung, Parallelisierung, Durchsetzung) mit allen Aspekten der UE. Diese Koordination kann *nicht* durch das interne **HRD** erfolgen, sondern nur durch die sog. Linie; denn diese Koordination ist auch eine Frage der **Verbindlichkeit,** der Macht. Nochmals: Die volle Integration der Linie ist die einzig wirksame Unterstützung der ME. Budgets garantieren nur, dass gezahlt wird.
- Es wird erkannt, dass eine längerfristig wirksame ME sich nicht nur durch professionelle Brillanz in Konzept und Methodik auszuzeichnen hat, sondern, da sie Arbeit an und mit Menschen ist, in einem **Ethos** wurzeln muss. Denn es ist der Ethos, der zutiefst identitätsbildend ist: Wer sind wir, und wer wollen wir sein – und warum müssen wir das sein? Das erst macht ME glaubwürdig (vgl. Eck, 2010b, 2013). Glaubwürdigkeit ist die rare Ressource des Managements! Nur sie schafft das notwendige »*Buy-in*«.

Die wirklichen Gründe für die oben erwähnte periodische Fundamentalkritik an Konzeption, Praxis und Ergebnissen der ME liegen letztlich nicht in den organisatorisch-didaktisch-methodischen Mängeln oder dem manchmal schwachen Kompetenzniveau des Seniormanagements, welches dann Mikromanagement mit »führen« verwechselt oder an budgettechnischen Fragen, sondern in den Defiziten bzgl. dieser 3 soeben skizzierten Punkte. Insofern diesbezüglich erhebliche Defizite vorhanden sind, ist die Fundamentalkritik tatsächlich berechtigt, und die z. T. erheblichen Aufwendungen für ME erweisen sich allerdings als Fehlinvestitionen, deren psychologisch-motivationaler Preis Zynismus oder Resignation ist.

## 2.6 Kompetenzen – Metakompetenzen – Capability – Ethos

In der Literatur der Wirtschaftspädagogik und besonders der ME werden imposante Kataloge von Anforderungen an die Fachkader und das Management der Organisationen kolportiert. Von den **Schlüsselqualifikationen** (Mertens, 1974, 1977), welche in einem Zusammenhang mit den Schlüsselinnovationen stehen, die wiederum auf die Theorie der »langen Wellen« (Kondratieff-Zyklus) hinweisen, über die Unterscheidungen »**Skills**«–»**Kompetenzen**« (Kanungo & Misra, 1992) bis zu Konzepten wie **Human- und Sozialkapital** (Bourdieu, 1983) war und ist es ein weiter und reflexiver Weg! (Zum Konzept Kompetenzen vgl. auch Eck, 2010a.) Die **Kompetenzen** (inhaltlich schier unerschöpflich) werden in Oberbegriffe

**Tab. 2.2** Drei Kapitalformen

| Kulturelles Kapital | Soziales Kapital | Humankapital |
|---|---|---|
| Wissen, Erfahrungen, Traditionen, Regeln, Normen, Werte, Motivationslagen etc. einer lokalen Bevölkerung, eines bestimmten gesellschaftlichen Segments bzw. der Belegschaft eines Unternehmens | Intra- und Interorganisatorische Verbindungen (Netze), »Good Will« etc. Beim sozialen Kapital wird unterschieden: Bonding Capital Bridging Capital (Vgl. Abb. 2.4) | Qualifikationsniveau, Employability, intrinsisches Wissen, Ethos, Motivationsniveau von Personen, die das »mitbringen« bzw. in die investiert wird |

gefasst, so z. B. Sprachkompetenz – Fachkompetenz – Rollenkompetenz (J. Habermas) – Sozialkompetenz – und die etwas vage Selbstkompetenz. Dabei kann man entdecken, dass es sog. **Metakompetenzen** gibt. Sternberg (2003) z. B. hat ein Modell der für das Management, genauer für Leadership, notwendigen Metakompetenzen vorgelegt: **Intelligenz** (akademische, praktische) – **Weisheit** (im Sinne von Respekt für Werte, Ausgleich, Fairness) – **Kreativität** (bzgl. Ideen, Produkten, Verfahren und der Gewinnung von Zustimmung). Dieses WIC-Modell unterstützt unsere Auffassung, dass wirklich effektive ME in einem Ethos wurzelt (vgl. Eck, 2013, 2014).

Davidson & Honig (2003), Jones (2005) und Iles & Preece (2006) entwickelten einen Ansatz von hohem heuristischem Wert, der um die Metakompetenzen »Bonding« und »Bridging + Brokering« als Schlüsselprozesse des Managements kreisen (vgl. auch Abb. 2.4). Sie basieren dabei zunächst auf Pierre Bourdieu (fr. 1983; dt. 2005, vgl. auch Franzen & Freitag, 2007) und seine Unterscheidungen zum rein ökonomischen Kapital. Tab. 2.2 zeigt die im Anschluss an Bourdieu heute gebräuchlichen Unterscheidungen von Kapital. Wobei »Kapital« in diesem Sinne nicht etwas ist, das der Unternehmung gehört, das sie besitzt, sondern »Kapital« in diesem Sinne ist ein *Vermögen*, das eine Unternehmung sich ausleiht, benutzt, braucht und für das sie Kapitalzinsen bezahlt, z. B. Löhne, Beteiligung am Mehrwert usw.

Und wie bei allen kapitalbezogenen Aktionen sind Fragen der Investition, der Kapitalisierung, des Managements, des Return of Investment wichtig.

Eine der für »Herrschaft« (Regieren, Management, Leadership) schon immer erkannten und kontrovers diskutierten Metakompetenzen heißt »**Charisma**«, in etwas rationalerer Formulierung z. B. von Bass (1990, 2005)

| »Bonding« | »Bridging + Brokering« |
|---|---|
| **Intraorganisatorische** Verbindung, Verankerung, Netzwerke, Ressourcen usw. | Aufbau und Pflege **interorganisatorischer**, offener Netzwerke, Ressourcen usw. |
| durch/mittels | durch/mittels |
| - Gewinnen und Festigen von *Vertrauen* und *Glaubwürdigkeit*<br>- Zirkuläre Kommunikation/ Kompetenz<br>- Förderung von *Wissen*, *Capability* und *Lernen*<br>- *Teambuilding* und -entwicklung<br>- *Gegenseitigkeit* und *Fairness* allgemein und in den Retentionsprogrammen<br>- usw.<br><br>**ohne** der Gefahr von »Filz«, »Seilschaften«, »Group-Think« (J.L. Janis), »Silo-Denken« zu erliegen | - *Offener* und/oder *informeller* Netzwerke<br>- »*Joint-ventures*«- Mentalität, insbesondere in *Kundenbeziehungen* – *Kooperationsformen* bzw. -projekten<br>- Interesse an und Einbezug der *Außenperspektive* vs. »Nabelschau«<br>- Ermutigung zu Versuch, (kontrolliertem) Risiko und lernförderlichem Irrtum<br>- Identifikation und Gewinnen *alternativer*, *innovativer Ressourcen*<br><br>**ohne** der Gefahr von »Blasen«, Hyperaktivität, Unverbindlichkeit, Loyalitätskonflikten zu erliegen |

Bonding ................................................. Bridging

Die Schlüsselprozesse »**Bonding**« (Bindung) und »**Bridging**« (Brücken bauen, schaffen) sind unverzichtbar, aber in sich auch konträr und beruhen auf unterschiedlichen Orientierungen, Präferenzen und Kompetenzen. Die real existierenden Organisationen (bzw. Organisationseinheiten) können typische »Bonding-Kulturen« oder »Bridging-Kulturen« entwickeln. Das wird oft verstärkt durch die Dynamik der Persönlichkeiten, welche (in bestimmten Lebensphasen besonders ausgeprägte) Affinitäten und Bedürfnisse bzgl. »Bonding« bzw. »Bridging« haben. Die Herausforderung besteht aber darin, beide Schlüsselprozesse zu fördern und ihnen Raum zu geben. Das muss Auswirkungen haben auf die Zusammensetzung/Zusammenarbeit der leitenden Gremien bzw. Projektgruppen.

**Abb. 2.4** Bonding und Bridging

und Hrivnak, Reichard & Riggio (2009) als »transformative Führung« bezeichnet, im Unterschied etwa zur »transaktionalen Führung« (vgl. dazu Eck, 1999; Felfe, 2005). Charisma ist das Vermögen, grundlegende Lösungen für vitale Probleme einer Gruppe zu finden und für diese Lösungsansätze eine Gefolgschaft, ein »Buy-in« zu bekommen und zu stabilisieren.

## 2.6 · Kompetenzen – Metakompetenzen – Capability – Ethos

**Capability (pl. Capabilities)**
**als Befähigung – Vermögen – Potenzial**
ist das spezifische Zusammenwirken von

| Wissen | Skills | Kompetenzen |
|---|---|---|
| Inhalte (Umfang) und Methoden, um zu Wissen zu kommen (Wissenstaxonomie) auch bzgl. der Reichweite und Generalisierbarkeit eines Wissens | Fertigkeiten, Techniken, Handhabung von Instrumenten und deren Indikation (inkl. Kontraindikation) | Beherrschung von Regeln und Bewältigung von Schwierigkeiten in komplexen Bereichen, z. B. Sprachkompetenz, emotionale Kompetenz, Rollenkompetenz, Metakompetenzen |

beruhend auf raum-zeitlichen Voraussetzungen wie
**Situation – Rahmenbedingungen – Motivation**

**Abb. 2.5** Capability. (Aus Eck, Jöri & Vogt, 2010, ergänzt)

Ein Konzept, welches verschiedene der bisher verwendeten Begriffe integriert und um weitere Dimensionen bereichert, ist das Konzept der **Capability.** Dieses wird u. a. auch den Konzeptionen der Assessment- und Development-Centers zugrunde gelegt, wie sie in der Publikation von Eck, Jöri & Vogt (2010, S. 47–48) beschrieben sind:

> » Dieser englische Begriff hat eine interessante Etymologie. Aus dem lat. *capere*, nehmen, fassen und *capax*, Fassungsvermögen, würdig im Sinne von ebenbürtig, befähigt zu … wird französisch *capable* bzw. *Capacité*, engl. *Capability* bzw. *capacious* bzw. *capable*. Als *heuristisches* Schema für die Ermittlung, Analyse und Beschreibung sog. Anforderungen dient folgende Systematik [◘ Abb. 2.5].

> » Das Konzept der *Capability* geht mehr vom *Ergebnis* und dem *Volumen* (Ausmaß, Ressourcen) aus und definiert so die *Performanz* (Leistungsvermögen), in qualitativer, quantitativer und zeitlicher Hinsicht. Es fokussiert nicht so sehr die Einzelperson, sondern die *Interaktionen* innerhalb eines Ganzen, um ein bestimmtes Resultat zu erreichen. Außerdem ist dieses Konzept nicht auf bestimmte (präskriptive) Art und Weise, ein Problem zu lösen, fixiert, sondern ist offen für sehr unterschiedliche Qualifikationen, z. B. auch sog. *Vintage*-Qualifikationen (Mertens, 1977), d. h. die Fähigkeit, fehlende oder unzureichend vorhandene Qualifikationen, Ressourcen etc. durch *andere* Qualifikationen, Ressourcen zu kompensieren. Vgl. die Ausdrucksweise *se débrouiller*, sich behelfen.

Jede Begrifflichkeit kann zu Schlagworten verkommen, jeder ursprünglich konzeptuelle, originäre und produktive Ansatz zu einer Mode. »Achtsamkeit«

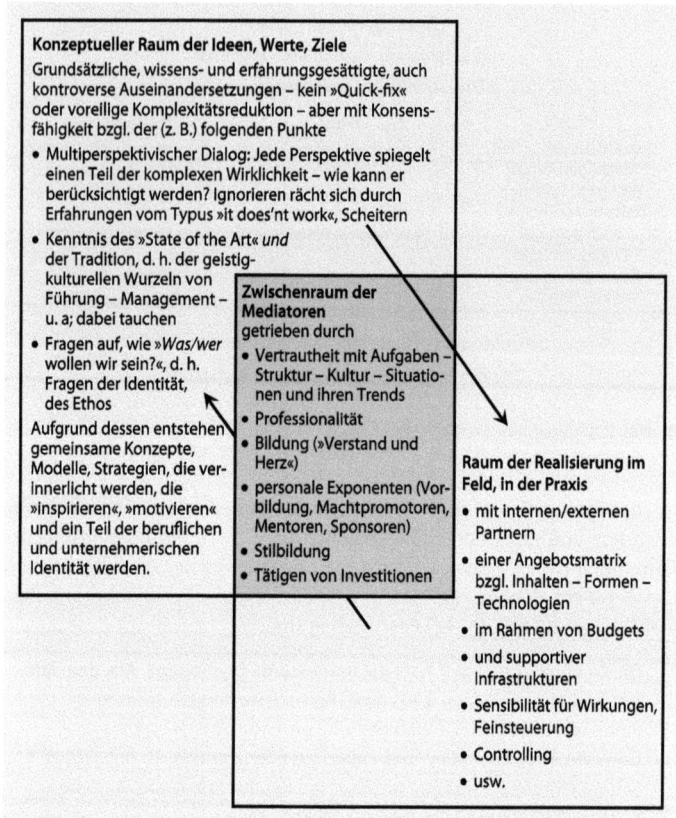

**Abb. 2.6** Konzeptueller Raum – Raum der Realisierung

– »Burnout« – »Resilienz« sind (leider) dafür typische Beispiele. Das kennzeichnet in der Tat weite Strecken auch der ME-Landschaft. Entsprechend groß sind das Enttäuschungspotenzial und der Bedarf an neuen Moden und Schlagworten. Wo ME aber tatsächlich als Aufbau und Entwicklung einer strategischen Erfolgsposition (C. Pümpin) verstanden und gewollt wird, geschieht die ME als strategischer Prozess in 3 orthogonalen Räumen (Abb. 2.6). Manche ehrgeizige Projekte der strategischen ME scheitern oder enttäuschen, weil vom »konzeptuellen Raum« gleich in den »Raum der Realisierung, der Praxis« geschritten wird. Es braucht – und dies in beiden Richtungen – immer den »Zwischenraum der Mediatoren«. Dadurch wird Transfer, Substanz, Qualität der Prozesse in den beiden anderen Räumen gesichert.

Strategien intendieren und bewirken **Nachhaltigkeit,** oder sie waren von ihrer Substanz her eben keine Strategien, sondern Trends, Moden, Taktiken etc., das gilt insbesondere für die strategische ME. Die größte Nachhaltigkeit wird erreicht, wenn die Aus- und Weiterbildung einen Beitrag zur **Identitätsbildung** der Organisation, der Funktionen und der Menschen leistet. Dabei muss man sich bewusst sein, dass das, was wir ME nennen und was an den Hauts Lieux der ME gelehrt und getan wird, in einer ununterbrochenen Tradition steht, von der Antike bis heute, vor der sich auch unsere »globalen« oder doch eher ziemlich provinziellen Ansätze zu verantworten haben. ME muss mit soziologischem und sozialgeschichtlichem Recht als eine Form der **Elitereproduktion** gesehen werden. Dabei ist zu wissen, dass das »Aristokratische« (Herrschaft der Besten) sich nicht vor allem an der Spitze eines organisatorischen Gebildes konzentriert, sondern sich in den »Bestleistungen« jeder Funktion, Stufe und Tätigkeit zeigt (vgl. Hitzler, Hornbostel, Mohr, 2004; Eck, 2007b; Bohlken, 2011).

Management ist gesamtwirtschaftlich, global und innerhalb größerer Organisationen (Konzerne, Großbetriebe, Verwaltungen, Hochschulen etc.) ein **Massenbedarf,** und folglich ist ME auch ein »Massengeschäft«, was **Differenzierung,** nicht Senkung des Qualitätsstandards erfordert. Abgesehen von der evolutions- und sozialbiologischen Frage, ob das Potenzial einer gegebenen Population den mengenmäßigen *Bedarf* an »Managern und Führungskräften« eines bestimmten Qualitätsstandards überhaupt decken kann (vgl. Gauss-Kurve vs. Bedarfsüberhang), und der Frage, ob die von uns selbst geschaffene Komplexität vom Menschen überhaupt noch steuerbar ist, stellt sich hier die Frage, welches »Bild«, welche »Leitidee«, welche **»Rollenidentität«** den **»Führenden«,** dem Management zugedacht werden soll.

Mintzberg und viele andere haben sich verdient gemacht mit der Analyse und Beschreibung der verschiedenen Rollen, welche die Superrolle Management beinhaltet (vgl. Mintzberg 1973, 1989). Solche analytischen Rollenmodelle erlauben ein besseres »Matching« Person–Rolle, und die einzelnen Rollen können Gegenstand von Trainings sein. Im Rahmen der strategischen ME geht es aber nicht um diese diversen Rollen oder Rollenkomponenten, sondern um die **grundsätzliche Rollenidentität** und damit um den **Ethos** des Managements, der Manager/innen, also um die Frage, welche **Sozialtypen** (Sozialcharaktere) durch die ME aufgebaut werden sollen. Gefragt ist der Mut zur Differenzierung. Differenzierung erweitert die Optionen, schränkt sie nicht ein. Und obwohl Differenzierung zu Wertungen (Diskriminierungen) verführen kann, ist festzuhalten: Differenzierung ist *keine* Wertung!

Unter der Voraussetzung, dass die Übersicht in ◘ Tab. 2.3 sehr wohl die Unterschiede und strategischen Optionen der ME hinsichtlich der Sozialtypen thematisiert, aber nur eine Beschreibung und keine Wertung und (insgeheime) Idealisierung darstellt, handelt es sich bei dieser Darstellung

**Tab. 2.3** Rollenidentität in der Managementbildung

| | Rollenidentität (Übernahme, Gestaltung und Durchsetzung der Kernelemente der Rollenerwartungen und des eigenen Rollenverständnisses) | Legitimationsgrundlagen (beispielsweise) | Hauptsächlichste Wirkfaktoren (Beispiele) | Zu erwartende Komplementärrolle (bei den Organisationsmitgliedern) |
|---|---|---|---|---|
| Stark hierarchiebezogen | **Experten** für das »Geschäft«, d. h. für die Lösung bzw. die Bewältigung von allgemein bedeutsamen oder spezifischen Problemen/Situationen/ Schwierigkeiten/Herausforderungen | **Funktion** Expertise, d. h. Wissen, Erfahrung bzgl. ihres Auftrags und Verantwortungsbereichs (Position) **Ethos des Wissens** | **Achievement – Motivation** Kompetenz bzgl. der Aufgabe bzw. der Situation »Erfolgreich-sein« im Sinne von »Ziele werden erreicht« Die personellen Beziehungen sind relativ stabil | Akzeptanz und Anwendung des Expertenwissens Dissemination Konformität mit dessen normativen Standards (Paradigmen) Zufriedenheit und Identifikation mit dem sich einstellenden Erfolg (= Teilhabe) |
| | **Décideurs**[a] – **Entscheider** In den für die Organisation und ihr »Geschäft« strategisch relevanten Fragen wie Investitionen und Rentabilität/Unternehmensziele/ Politiken/Märkte/Technologien/Normen/HRM etc. | **Positionsmacht** Zuständigkeit Qualität der (richtigen bzw. »besseren«) Entscheidung **Ethos der Macht** **Good Governance** | **Reduktion von Unsicherheit** und offenen Optionen Für das Problem/die Situation geeignete Methodologie und Organisation der Entscheidungsfindung Transparenz, Begründung, Kommunikation der Entscheidung | Akzeptanz und Verstehen (Nachvollziehen) der Entscheidung Loyalität zur Entscheidung Konsequenzen und Folgeentscheidungen im »Sinn und Geist« der Entscheidung |

| | Eliten[b] | Verpflichtetheit gegenüber einem übergeordneten Ganzen | Innerer Auftrag | Auseinandersetzung mit dem Anspruchsniveau, welches Eliten verkörpern |
|---|---|---|---|---|
| Hierarchisch relativ unabhängig | Jene Gruppen von »Leaders« oder »influent members«, welche über ihre funktionale und positionale Kompetenz hinaus einen **Mehrwert** stiften und dadurch zur Identität der Organisation prägend, d. h. stilbildend beitragen (vgl. »Ära«) | Relative **Autonomie** in intellektueller, psychodynamischer und sozialer Hinsicht Zugehörigkeit zur Elite ist nicht das Ziel, sondern das **Ergebnis** der für andere geleisteten **Dienste** (Empowerment) **Ethos der Verantwortung** | Sie **entwickeln, fördern** eine Sache, eine Gruppe Sind Identifikationsfiguren bzw. Vorbild Verbinden Lernfähigkeit mit einer gewissen »Unbeirrbarkeit« (»langer Atem«) Wissen, wann ihre Zeit vorbei ist, (sonst wird die »Weltgeschichte zum Friedhof der Eliten«, V. Pareto) | Gefolgschaft im Sinne einer Wertgemeinschaft oder Kritik, evtl. Ablehnung (Gegenelite) oder Rückzug in die Passivität (Abwarten) |

[a] Im Französischen werden die Angehörigen des oberen Managements »les décideurs« genannt, was ihre Funktion auf den Punkt bringt.
[b] Das Konzept »Elite«, als Wort seit dem 17. Jh. in Frankreich und England gebräuchlich, der Sache nach seit der Antike und in allen Kulturen zu beobachten, hat eine noble und schwierige Begriffsgeschichte. Unverzichtbares Kriterium der Definition (oder Beschreibung) von Eliten ist ihre entschlossene Orientierung am Ganzen, am »Gemeinwohl«. Eine der bemerkenswertesten Analysen der Existenz und Funktion von Eliten lieferte V. Pareto (1916, it; 1935, engl.; 1968, frz., 3. Aufl.). Vgl. zur Tradition der Elitebildung im Zusammenhang mit »buon governo« (einer guten Regierung) auch Eck, 2010b.

um 3 zwar unterschiedliche, aber notwendige Optionen im Sinne von »Primary Task«, von Prioritäten (bzgl. bestimmter Gruppen von Adressaten und »Potenzialen«). Es wäre unrealistisch, idealisierend, damit ideologisch, und keineswegs notwendig, sich nur auf *eine* Rollenidentität festzulegen (z. B. »Elite«). Wichtig hingegen sind die Durchlässigkeit und die Plastizität der Kategorien.

## 2.7 Wie also funktioniert der strategische Prozess ME?

Management-Entwicklung als Aufbau einer strategischen Erfolgsposition benötigt mehr als eine dafür zuständige Abteilung von Spezialisten, ausreichende Budgets (die – wenn wirklich lernwirksame Konzepte und Verfahren eingesetzt werden – tatsächlich mit dem »Notwendigen«, erstaunlich wenigem, auskommen können), externe Unterstützung und erprobte Einzelverfahren, wie sie z. B. ◘ Tab. 2.4 in Erinnerung ruft.

> **Checkliste: Kriterien einer strategischen ME**
> ME ist ein strategischer Prozess in dem Ausmaß als sie:
> - orientiert ist am Unternehmensleitbild als Identität und »Philosophie« des Unternehmens, d. h. seiner **Kultur;**
> - in einem *nachweislichen* argumentativen und empirischen Zusammenhang steht mit der Erreichung der **Unternehmensziele** und der Umsetzung der **Strategien** der Unternehmung;
> - **»aus einem Guss«** ist, d. h. durchdacht (studiert und reflektiert), kohärent, systematisch, robust, und für die absolut notwendigen koordinativen Voraussetzungen sich das Senior Management committet in dem Doppelaspekt der Vorbildwirkung und Durchsetzung der ME-Erfordernisse im Alltag des operativen Geschäfts;
> - sich auf dem Niveau des »State of the Art« der **Wirtschafts- und Managementpädagogik** (Andragogik) bewegt;
> - einen hohen **heuristischen** Wert aufweist (also Interpretationsspielraum erfordert und ermöglicht) und nicht bloße Anwendung eines »Manuals« verlangt;
> - und dass die Konsistenz und Effektivität der ME multiperspektivisch (vgl. die sozialwissenschaftlichen Methodik der Triangulation) evaluiert wird und dass die Ergebnisse wiederum Lernprozesse initiieren.

Das alles wird nicht der Fall sein, wenn die ME einer Unternehmung (oder Organisation) ein »Eigenleben« führt, zu stark von Externen abhängig ist

**Tab. 2.4** Sechs Zielkategorien und einige Methodenbeispiele in der ME. (Nach Eck, 2007b, S.32)

| | Primäre Zielsetzung der »Educational-Methoden und -Maßnahmen zum Aufbau der »Capability« (basierend auf und noch mehr als Skills und Kompetenzen)[a] | Beispiele[b] (nur einige, generelle) der methodischen Konkretisierung; die aufgeführten Beispiele sind je nach ihrer Gestaltung polyvalent, d.h. auch für andere Zielsetzungen verwertbar |
|---|---|---|
| Gemäß den verschiedenen Kategorien von Zielsetzungen zu konzipieren | **Wissenserwerb** bzw. **Wissensvermittlung** | Lektüre, Diskussion, Kurse, E-Learning u.a. |
| | Aufbau und Vertiefung von **Skills** bzw. einzelner **Kompetenzen** | Training – Monitoring – Praxis (Schwierigkeiten und Erfolgserlebnisse) |
| | **Vernetzung** als Bonding und Bridging | Stages – Mitgliedschaften – Joint Ventures Großgruppenveranstaltungen (z. B. Zukunftsworkshop – Real Time Strategic Change – Open Space Technology – World Café etc.) |
| | **Herausforderungen** gestalten können | Job- und Project-Assignments – Aktionslernen – »Seitenwechsel« |
| | **Unterstützung** | Personal Governance (Hausammann, 2007) – Mentoring – Coaching – »onboarding« |
| | **Assessment** | Einzelassessment – AC – 360°-Feedback – Reviews/Auditing |

[a] Das »noch mehr ...« umfasst Persönlichkeitsbildung und die Reflexion des Managements über die kontinuitätssichernde Einbettung der Wirtschaft und der Unternehmung in die Zivilgesellschaft und den Staat sowie die überstaatlichen Gebilde (vgl. Globalisierung – Regionalisierung – lokale Kontexte).
[b] Zur professionellen Gestaltung der einzelnen Methoden vgl. die einschlägige Literatur: Handbücher, »Trainer Kit(s)« – Methodensammlungen etc.

und sich u. a. an Moden, Trends und dem, was kostspielig ist (»gut und teuer«), orientiert.

»The art of leadership« (Grint, 2000) erfordert die »art of management education«. War Pädagogik, Andragogik, Elitebildung aber jemals etwas anderes als »Kunst«? (Vgl. auch Eck, 2014).

Grafisch lässt sich dieser Ansatz der strategischen ME etwa wie in ◘ Abb. 2.7 darstellen.

### Zusammenfassung

- Es gehört zur **Professionalität** jeder Managementstufe, die strategische ME zu gestalten und zu fördern. Nur eine in den »Alltag«, das operative Geschäft voll integrierte ME ist strategisch. In der ME ist »on the job« nicht so sehr lokal, physisch zu verstehen, sondern als einen unmittelbaren, direkten Bezug habend zu den zu lösenden gegenwärtigen und zukünftigen Aufgaben und Herausforderungen. Auch für das Unternehmen gilt: »Die Zukunft hat schon begonnen« (Robert Jungk, 1952). Zukünftige Entwicklungen haben immer ihre Vorgeschichte im Hier und Jetzt, und die gegenwärtigen Entscheidungen des Managements schaffen einen Teil der Zukunft des Unternehmens. Zu wissen ist aber auch: Die Vergangenheit wirft »lange Schatten«; sie kann niemals einfach gelöscht werden. Das »Nachhaltigste« ist leider oft das Vergangene. Wie also muss und kann das Hier und Jetzt gestaltet werden, damit es nachhaltig (im positiven Sinne) wirkt?
- Methoden, Techniken, »Tools«, Praktiken (und seien sie »best«) sind wichtige Bestandteile der ME. Ihre Gefahr ist, dass die Methoden und das Ermöglichen oder Hemmen dessen, was sie im Fokus haben, zum eigentlichen **Inhalt** der ME wird. Dieser Gefahr ist mit (ständiger, d. h. begleitender) Reflexion zu begegnen. Die zentralen Fragen dabei sind:
    - Welche »Umsetzungskompetenz« (Wunderer & Bruch, 2000) braucht unser Management, um eine valable Antwort des Unternehmens auf die komplexen Herausforderungen durch die »Treiber« ihres Geschäfts und das Eingebettetsein des Unternehmens in die Zivilgesellschaft und in staatliche Gefüge finden zu können? (Vgl. ◘ Abb. 2.1.)
    - Welches sind inmitten der ständigen Veränderungen, Beschleunigungen und Innovationen die relativ überdauernden, stabilen und verbindlichen Orientierungsbojen, welche das Überleben des Unternehmens (der Institution, Organisation), seine Identität und Kultur sichern und vitalisieren?
- Die Antworten darauf finden sich in der und durch die **Reflexion,** d. h. die »strategic conversation«, den Prozess der Ethosbildung, die Entfaltung autonomer Persönlichkeiten, und in der **Professionalität** (als Lust an Qualität) aller Funktionen und Stufen des Unternehmens. Das ist dann ME als strategischer Prozess!

## 2.7 · Wie also funktioniert der strategische Prozess ME?

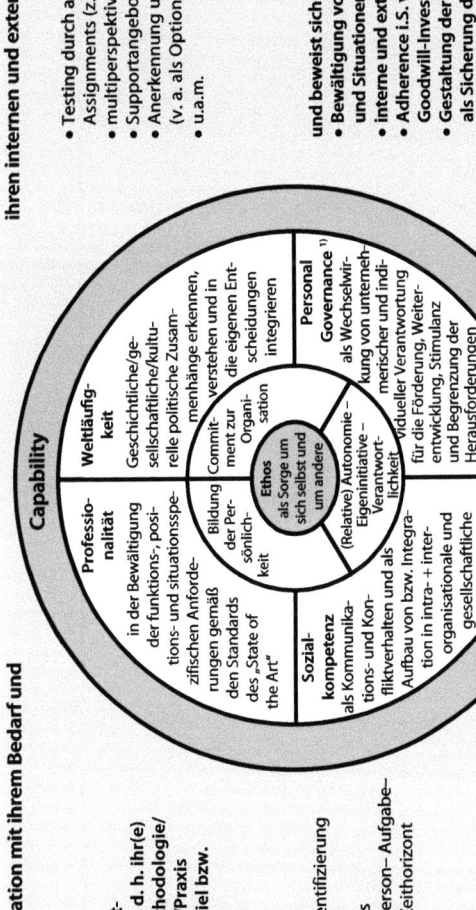

◘ Abb. 2.7  Das heuristische Feld der strategischen Management-Entwicklung

[1] vgl. Fredy Hausammann, 2007

# Aus der Praxis für die Praxis: ganzheitliche Dimensionen einer zukunftsfähigen Führungskräfteentwicklung

*Jana Leidenfrost und Andrea Küttner*

3.1 Einleitende Worte – There must be another way – 35

3.2 Dimension 1: Kernauftrag – Kompetenzentwicklung *und* Potenzialentfaltung – 38
3.2.1 Einflüsse, die Führungskräfte aktuell als prägend erleben – 39
3.2.2 Implikationen für die Führungskräfteentwicklung – Worin sehen Sie Ihren Kernauftrag? – 42

3.3 Dimension 2: Maßstäbe für eine erfolgreiche Umsetzung – Kunsthandwerk Führung – 45
3.3.1 Theorie als Maßstab – Inhaltliche Gestaltung – 45
3.3.2 Erfahrung als Maßstab – das Führungshandwerk beherrschen und die Führungskunst vorleben – 47
3.3.3 Akzeptanz als Maßstab – Was bieten Veranstaltungen, die als besonders und nachhaltig gelten? – 48
3.3.4 Ausgewählte konkrete Veranstaltungsbeispiele – 52

C. D. Eck et al., *Führungskräfteentwicklung*,
DOI 10.1007/978-3-642-41060-4_3, © Springer-Verlag Berlin Heidelberg 2014

**3.4 Dimension 3: »Lernformate und innere Haltung« –
Ob Kinder lernen, was wir ihnen beibringen wollen,
ist fraglich, unser Benehmen dabei lernen sie
allemal – 58**

3.4.1 Sich gegenseitig dienlich zu sein,
ist eine solide Grundlage für Beziehung – 61

**3.5 Dimension 4: »Erfolgsfaktoren« – auf einen Blick:
quadratisch, praktisch, gut – 63**

> Die besten Führer sind diejenigen, die als Führer gar nicht mehr bemerkt werden. Die nächstbesten Führer sind diejenigen, die von ihren Leuten geehrt und gepriesen werden. Die nächstbesten Führer werden gefürchtet, und die nächstbesten Führer werden gehasst. Wenn die besten Führer ihre Aufgabe erledigt haben, dann sagen ihre Leute: Wir haben es selbst getan. (Laotse)

Die Kultur eines Unternehmens spiegelt sich in der speziellen Art und Weise wider, wie die Führungskräfte dort gefordert und gefördert werden. Unabhängig davon hat jeder Praktiker in diesem Feld sein eigenes professionelles Verständnis. Die nächsten Abschnitte werden daher unterschiedliche Perspektiven liefern: vom allgemeinen Grundverständnis der Potenzialentwicklung über das Verhältnis zu den eigenen Kunden und die methodische Gestaltung von Lernprozessen bis hin zu ganz praktischen Tipps für den Alltag. »Aus der Praxis – für die Praxis« werden damit einfache Möglichkeiten geboten, um den persönlichen Blickwinkel zu reflektieren, vergleichbar einer Reise, von der man »irgendwie« verändert zurückkommt. Um Führungskräfte erfolgreich in die Zukunft begleiten zu können, laden wir Sie daher zunächst ein, die lange Tradition der Wissensvermittlung im Sinne des soliden, professionellen Handwerks um die kreativ-kindliche Fähigkeiten des Erkundens und Entdeckens zu erweitern.

## 3.1 Einleitende Worte – There must be another way

Es hieß, dass ein alter Wirtschaftsmeister immer die richtige Antwort hatte, und dieser war so für seine außerordentliche Problemlösefähigkeit bekannt geworden. Nun trug es sich zu, dass eine Gruppe alter Freunde und junger Talente eines Tages in seine Heimatstadt wanderten und ihn bewundernd fragten: »Wie kommt das nur? Einige von uns kennen dich seit mehr als 20 Jahren und zu jedem Anlass, egal ob nun ein Mitarbeiterproblem oder eine fehlende Strategie oder eine Marktveränderung, findest du immer etwas Passendes, um gut damit umzugehen! Wie, um Himmels Willen, machst du das?« »Ja, wie, wollt ihr wissen?«, fragte der Alte. »Nun, dann lasst mich euch eine Geschichte erzählen«, und er erzählte folgende Geschichte:

Es war einmal ein Prinz, der das Bogenschießen liebte. Jeden Tag suchte er sich, mit Pfeil und Bogen gewappnet, ein Ziel und übte. Er war sehr gut, wollte aber noch besser werden und so beschloss er, die Akademie zu besuchen, um vom großen Meister im Lande unterrichtet zu werden. Nach einigen Jahren war er so gut wie die anderen jungen führenden Kräfte in der Akademie, so dass er manchmal mit dem Pfeil in den Kreis der ersten

3 Ringe und manchmal auch mitten ins Schwarze traf. Als er sich auf den Weg zurück in sein Königreich machte, kam er durch ein kleines Dorf und sah etwas, das ihn in Staunen versetzte. Neben einer Scheune sah er 10 Zielscheiben – und auf jeder steckte ein Pfeil mitten im Schwarzen! Und das 10-mal! »Wer war das?«, fragte er und fand schließlich den Bauern, dem die Scheune gehörte. »Warst du das?« »Nein«, lachte der, »das war nicht ich. Es war mein Sohn Yekel.« »Er ist ein Genie – ich muss ihn kennen lernen!« Der Bauer lachte wieder. »Noch nie hat jemand Yekel als ein Genie bezeichnet.« Er zeigte auf einen 10 Jahre alten Jungen, der barfuß umherlief und Pfeil und Bogen mit sich herumtrug. »Yekel!«, rief der Prinz. »Ich muss unbedingt wissen, wie du das machst!« »Es ist ganz einfach«, antwortete Yekel unbeteiligt. »Nein, das ist es nicht. Ich habe jahrelang studiert und viele Kurse besucht und doch nie jemanden getroffen, der eine solche Leistung vollbracht hat!« »Nun«, sagte Yekel, »es ist eine Frage der Perspektive, denn ich nehme ganz einfach einen Pfeil, spanne den Bogen und schieße! Und erst danach ziehe ich die Kreise.« (Angelehnt an Izzy, 2006, S. 112 ff.)

So laden wir Sie gleich zu Beginn ein, Ihre kreativ-kindlichen Fähigkeiten zu aktivieren und mit uns gemeinsam im Folgenden zu erkunden und zu entdecken. Denn wollen wir zukunftsfähig bleiben, lohnt es sich, die lange Tradition an Wissensvermittlung (die auch in der Führungskräfteentwicklung einem soliden und professionellen Handwerk gleicht) durch neue Wege zu ergänzen.

Die Kultur eines Unternehmens spiegelt sich im Speziellen in der Art und Weise wider, wie die Führungskräfte dort gefordert und gefördert werden. Dabei haben sich vielerorts die Rahmenbedingungen für Führungskräfteentwicklung im Zuge der Finanzmarktkrise schlagartig verändert. Ob in großen Unternehmen, dem Mittelstand oder für Trainings- und Beratungsunternehmen, überall sind die Wirkungen stark verknappter Ressourcen spürbar. Vielfach wurden harte Schnitte gemacht. Im gleichen Atemzug sind die Bedürfnisse bei den Führungskräften, die Nöte zu wenden, und damit die Anfragen für Unterstützung enorm gestiegen. Denn die Führungskräfte sind als Menschen und als Manager gefragt: gute Zuhörer sein, Wege weisen, klare Signale geben, nichts beschönigen, dennoch Perspektiven aufzeigen und selbst die Kraft aufbringen, um die krisenhaften Erscheinungen zu bewältigen. Das heißt, der Bedarf an Führung ist groß, der Bedarf an (Führungs-)Kraft noch größer.

Gleichwohl werden Praktiker der Personalentwicklung dieser Tage oft mit der Anforderung ihrer Kunden konfrontiert, die Lösungen für Entwicklungsthemen für jede Führungskraft am besten schon maßgeschneidert in der Tasche dabei zu haben, und diese sollen passen wie ein neuer Anzug. Zeiten für einen bewussten Übergang, für Abschiednehmen von Veraltetem und für die Annäherung an »neue Ufer« und deren schrittweise Gestaltung werden kaum gewährt oder sich zugestanden. Die Situation ist geprägt durch zahlreiche äußere Widersprüche und eine hohe innere Ambivalenz der Beteiligten. Für die praktische Umsetzung der Führungskräfteentwicklung bedeutet das zuweilen einige professionelle Dilemmata, vergleichbar mit dem des Prinzen hinsichtlich des Bogenschießens. So befinden sich aus unserer Sicht nicht nur einzelne Führungskräfte, ganze Teams oder Organisationen in einem Übergang, sondern auch die Disziplin der Führungskräfteentwicklung selbst.

Wenn wir daher im Folgenden »aus der Praxis für die Praxis« berichten, so sehen wir unsere Verantwortung v. a. darin, »Ver-Antwortung« wörtlich zu nehmen. Das heißt, um Antworten im Sinne von Definitionen und Festschreibungen etwas verlegen zu sein. Die »Antwortlosigkeit« und die »Wissenslosigkeit«, die auch wir dieser Tage manchmal vor unseren Kunden empfinden, als Chance zu sehen und das Wissen vielmehr durch das Empfinden zu ersetzen! Vielleicht eine neue Empfindungsskala zu entwickeln auf die Frage: Wann haben wir als Personalentwickler, Bildungsfachleute, Trainer, Berater gute Arbeit gemacht? In der Vergangenheit hat es zahlreiche Antworten gegeben und für die Zukunft ist bereits viel geschrieben, angedacht und gesehen worden. Doch: Was brauchen wir jetzt und in unserem spezifischen Umfeld, um als Profis sicheren Schrittes in die Zukunft zu gehen?

Daher widmen wir die nächsten Abschnitte unterschiedlichen Dimensionen, die im Zuge einer zukunftsfähigen Führungskräfteentwicklung beachtens- und bemerkenswert sind. Wir betrachten das Feld ganzheitlich und werden dazu relevante Perspektiven einnehmen. Ziel ist es, mit dem Credo »Aus der Praxis – für die Praxis« einfache Möglichkeiten anzubieten, um als Führungskraft selbst, als Personalentwickler, Berater oder Unternehmer den persönlichen Blickwinkel zu erweitern und Ansatzpunkte zu entdecken, um mit dem eigenen Wirken am Puls der Zeit zu bleiben. Ähnlich einer Reise von der man »irgendwie« verändert zurückkommt.

**Reiseroute**
- Dimension 1: Kernauftrag – Kompetenzentwicklung *und* Potenzialentfaltung
- Dimension 2: Maßstäbe für eine erfolgreiche Umsetzung – Kunsthandwerk Führung
- Dimension 3: »Lernformate und innere Haltung« – Ob Kinder lernen, was wir ihnen beibringen wollen, ist fraglich, unser Benehmen dabei lernen sie allemal
- Dimension 4: »Erfolgsfaktoren auf einen Blick« – quadratisch, praktisch, gut

## 3.2 Dimension 1: Kernauftrag – Kompetenzentwicklung *und* Potenzialentfaltung

Der ursprüngliche Auftrag der Führungskräfteentwicklung kann folgendermaßen zusammengefasst werden: Führungskräfteentwicklung beinhaltet das Formen und Gestalten von Lernprozessen, um strategisch wichtige Kernkompetenzen der Führungskräfte zu fördern. Im Speziellen geht es um die Entwicklung von Kenntnissen, Fähigkeiten und Grundhaltungen, um aktuelle und zukünftige Führungsaufgaben zieldienlich zu meistern (vgl. Leidenfrost, 2006, S. 78 ff.). Das heißt, Aspekte der Förderung, des Lernens und der Veränderung fließen in derartigen Konzepten, Strategien und Dienstleistungen zusammen. Führungskräfteentwickler agieren, reagieren und gestalten daher jeweils im Spannungsfeld von Organisation, Funktion und Person und an den angrenzenden Umfeldern (Heintel, 1991). Dennoch: Führungskräfteentwicklung als Teil der Personal- und Organisationsentwicklung oder der betrieblichen Weiterbildung wird in jedem Unternehmen unterschiedlich verwirklicht. Je nach Größe, strategischer Ausrichtung, Entwicklungsphase des Unternehmens, Führungsphilosophie, Aufgabenschwerpunkten, Führungsebene und »atmosphärischen« Gegebenheiten (raue See, Sonnenschein, kalter Wind) hat und braucht eine Führungskräfteentwicklung andere Schwerpunkte.

- **Welche Entwicklungen prägen die Führungskräfte, mit denen Sie tätig sind, deren Umfeld und Ihre eigene Arbeit?**

»Ich glaube, die Lösung haben wir, aber die passt irgendwie überhaupt nicht zum Problem«, so eine Führungskraft im Anschluss an eine Übung im Rahmen eines Führungstrainings. Und ganz ähnlich mag es vielen Experten und Expertinnen der Bildungsarbeit dieser Tage gehen: Ich glaube, die Lösung haben wir, aber die passt irgendwie nicht (mehr) zum Auftrag. Denn auch der Auftrag der Führungskräfteentwicklung hatte sich vielerorts an die weit verbreitete wirtschaftliche Logik der Gewinnmaximierung angepasst und wurde häufig von kurzfristiger Machbarkeit, Ressourcenoptimierung und gezielter Messbarkeit dominiert. Daher führt die Frage »Tun wir noch das Richtige? Und tun wir die Dinge richtig?« nicht nur sozusagen »nach vorne« und zu zukünftigen Anforderungen an Führungskräfte, sondern auch »zurück« an die Wurzeln der Entwicklungsarbeit. Verschaffen wir uns also etwas Orientierung auf der ersten Etappe der Reise, um die Landkarte der eigenen Professionalität und des Umfelds deutlich zu sehen.

**Tab. 3.1** Veränderungen im Führungsverständnis

| Weg von ... | Hin zu ... |
|---|---|
| ... belohnt werden als Held/Star | ... belohnt werden für das Erfolgreichmachen anderer |
| ... dem unabhängigen Entscheidungsführer | ... vielen wechselseitig abhängigen Entscheidungsprozessen, die es zu steuern gilt |
| ... erarbeiten und halten des strategischen Kurses | ... strategisch steuern und anpassen, während man geht |
| ... logisch und rational | ... emotional und gefühlsbetont |
| ... wettbewerbsorientierten Territorien | ... kooperativer Zusammenarbeit |

## 3.2.1 Einflüsse, die Führungskräfte aktuell als prägend erleben

> In meiner jetzigen Situation muss ich mich einfach im Fluss des Lebens weiter treiben lassen und immer kräftig gegen den Strom mitschwimmen

Die gefühlte Paradoxie, die in diesem Zitat einer Führungskraft zum Ausdruck kommt, ist für viele Ausdruck der Parallelität von Gegensätzen, die aktuell erlebt werden. In einer Studie des Center for Creative Leadership (Martin, 2009) konstatieren 84% von ca. 400 Führungskräften, dass sich die Definition von »effektiver Führung« in den letzten 5 Jahren entscheidend verändert hat. Führung, so die Befragten, verändere sich immer stärker von einer »Position«, die man besetzt hatte, hin zu einem täglichen »Prozess«, den es zu gestalten gilt. Damit verbunden wurden Aspekte hervorgehoben, wie sie in ◘ Tab. 3.1 aufgeführt sind.

Dabei spielen v. a. 3 Faktoren eine Rolle, deren großer Einfluss auf Führung gesehen wird:

- **»The world is flat«**

Mit diesem Einfluss auf Führung sind die Auswirkungen der Globalisierung unserer Arbeitsumwelt in all ihren Facetten gemeint. Eine Führung, die virtuell mehrere hundert Menschen in verschiedenen Ländern, unterschiedlichen Zeitzonen und variabelsten Kulturen der Welt umfasst. In diesem Sinne »beginnt« Führung mit der technischen Organisation von

Kommunikationskanälen und virtuellen Treffpunkten, umspannt ein internationales Verständnis und Einstimmung auf verschiedene Kulturen, Märkte und Gepflogenheiten und »endet« mit der ganz persönlichen Steuerung der eigenen Lebensqualität zwischen Zeit- und Klimazonen. Das heißt, Führungskräfteentwicklung braucht Aspekte, in denen der Geist der »Pfadfinderlager« weht. In denen abteilungs-, länder-, funktionsübergreifende Zusammenhänge gefragt sind und Sachverhalte im Dialog wechselseitig erkundet werden, ein »global workout«, das Einsichten liefert und Horizonte erweitert. Die Globalität hat Nähe geschaffen, jetzt braucht es eine andere Qualität der »Berührung«. Berührung trägt den Wortstamm der »Ruhe« in sich. Zur Ruhe kommen, mit sich selbst in Kontakt sein, sich tatsächlich von den Sichtweisen und Perspektiven der anderen berühren lassen und darüber die notwendige Toleranz entwickeln, die es braucht, wenn es um Eigenständigkeit (Autonomie) einerseits und gute Zusammenarbeit (Bindung) andererseits geht. Grundlage dessen ist eine hohe Integrationsfähigkeit, die es den Führungskräften ermöglicht, einerseits flexibel und andererseits kohärent (eins) mit sich, dem Umfeld und im Sinne des Ganzen (des Auftrags, der Einheit, des Unternehmens) zu sein. Wortwörtlich ausgedrückt bedeutet damit erfolgreicher Umgang mit Globalität: »to be at one with the world« (im Engl. »Zufriedenheit«).

- **»The world is complex«**

93% der befragten Führungskräfte glauben, dass die Herausforderungen, denen sie sich heute gegenübersehen, wesentlich komplexer sind als früher. Das Businessumfeld wird als »permanent white water condition« beschrieben, was so viel heißt wie Chaos, zufällig und mit höchsten wechselseitigen Abhängigkeiten und dynamischen Entwicklungen, die ein gutes Management von Risikofaktoren bis hin zum Aushalten und Bewegen in Unsicherheit und Nebel bedeuten. Während dabei lange Zeit viele Führungskräfte mit der Haltung der Gewinnmaximierung und Funktionalität belohnt worden seien (»making the numbers« mit dem Fokus auf individueller Leistung und Leistung der Businesseinheiten), brauche es zukünftig auch den Blick für den erfolgreichen Umgang mit Komplexität, bei dem verstärkt Innovation, Zusammenarbeit und langfristige Auswirkungen belohnt werden müsse. Gefragt seien Haltungen, die eher vernetzt und in Zusammenhängen denken, die Widersprüchliches zulassen können, aufeinander beziehen und integrieren. Führungskräfte, die mit Orientierungslosigkeit umgehen können und sich Stück für Stück selbst neue Handlungssicherheiten verschaffen – gerade wenn sie durch Veränderungsprozesse navigieren. Führungskräfteentwicklung in diesem Sinne hat einen wesentlich höheren Anspruch an die Vermittlung vernetzter Zusammenhänge, an ein Kontextverständnis und die Herausbildung einer Haltung, die mit

Resilienz umschrieben werden könnte: »in der Schwebe handlungsfähig bleiben« (Pulley, 1997; Boss & Hildenbrand, 2008).

- **»The work is interrupted«**

Wie lange können Sie einer Aufgabe folgen, bevor Sie durch irgendetwas unterbrochen werden? Einem New Yorker Magazin zufolge verbringen Führungskräfte durchschnittlich max. 11 Minuten mit einer Aufgabe, bevor eine Unterbrechung kommt. Danach dauere es im Vergleich ca. 25 Minuten, bis der Betreffende wieder zur ursprünglichen Aufgabe zurückkehren kann. Beinahe ohne es zu »bemerken«, liegt damit eine der größten Einflüsse auf den Führungsalltag im Bereich der Aufmerksamkeitsfokussierung und Konzentration. Die Zerstreuung ist gewaltig und der ständige Wechsel der Aufmerksamkeit kann schnell zum Energiefresser werden, ohne überhaupt produktiv gewesen zu sein. Denkprozesse in derartig »störanfälligen« Umfeldern sind geprägt von eher Assoziativem, Halbfertigem, von Aus- und Einblenden, An- und Umschalten. Hier sind Fähigkeiten der Konzentration, der Achtsamkeit auf sich selbst und der mentalen Steuerung der eigenen Aufmerksamkeit gefragt, wie wir es beispielsweise von Sportlern kennen. Bildungsprozesse erfordern daher auch Trainingsmöglichkeiten für mentale Stärke, für eine intelligente Abwehr unnötiger Informationen und die gezielte Aufnahme und Imagination des Wesentlichen sowie die Ausbildung eines Ethos mit kühlem Kopf (die Welt erkennen), warmem Herzen (menschlich im Umgang) und stabiler Kraft (dauerhaft wirken).

Diesen 3 Haupteinflussbereichen entsprechen auch neuere Führungsphilosophien und -modelle, die ihrerseits Erkenntnisse der Neurowissenschaften und Strategiebildung integrieren und in denen weniger administrative Anteile von Führung, im Sinne von Aufgabensteuerung und Arbeitsorganisation, sondern vielmehr beziehungsorientierte und transformationale Anteile betont werden, die notwendigerweise in einer körperlich, mental und emotional gesunden Persönlichkeit verankert sind. [Weiterführende Literatur: vgl. transaktionale und transformationale Führung, z. B. Dörr (2007), Kerschreiter et al. (2006), Tichy & Devanna (1995); soziale Intelligenz, Goleman & Boyatzis (2009); Servant Leadership, Hinterhuber et al. (2006); Leadership Diamond, Koestenbaum (2002); Mindfulness, Siegel (2007); ganzheitliche Führungsperspektiven, Seliger (2008)].

## 3.2.2 Implikationen für die Führungskräfteentwicklung – Worin sehen Sie Ihren Kernauftrag?

Zusammengefasst steht Führungskräfteentwicklung damit vor der Aufgabe, Führungskräfte in einem Umfeld zu begleiten, zu fördern, zu befähigen, das zusammengefasst in weiten Teilen durch natürliche Prinzipien von Lebendigkeit geprägt ist:

- Vielfältigkeit/Mehrfachheit – »More and different!«
- Interdependenz/wechselseitige Abhängigkeiten – »It's all connected!«
- Ambiguität/Unschärfe – »What does ist mean?«
- Im Fluss – »Constantly changing!«

Wenngleich diese Perspektiven nicht neu sind (vgl. z. B. Ansätze aus der System- und Chaostheorie), so scheint es doch, als ob wir in den Unternehmen neuerlich dazu aufgerufen werden, zu akzeptieren, zu relativieren und statt zu kontrollieren einen erfolgreichen Umgang damit zu fördern. Typischerweise zeichnen sich 3 wesentliche Trends ab, wie bisher mit komplexen Umfeldern umgegangen wurde:

1. »Je komplexer das Umfeld, desto mehr gilt es aufzubauen« – sich vielfach erweitern und verstärken (Techniken, Abläufe, Details, Richtlinien, Methoden ...)
2. »Je komplexer das Umfeld, desto mehr gilt es abzubauen!« – sich beschränken und reduzieren (Leistungs-, Ressourcen- und Zeitmanagement ...)
3. »Je komplexer das Umfeld, desto variabler und gezielter gilt es zu sein!« – sich handlungsfähig halten in der Vielfalt (Beziehungen, Kernprozesse verstehen, systemisches Denken, Weltbilder/Werte reflektieren ...)

Die ersten beiden Aspekte sind stark vom klassischen Ausbildungs- und Qualifizierungsgedanken geprägt, d. h. von der Kompetenzentwicklung im eigentlichen Sinne. Der Gewinn einer guten Ausbildung liegt in einem umfangreichen Expertenwissen, oftmals ergänzt um gruppendynamisches und projektbezogenes Wissen, welches in Zeiten funktionierender Hierarchien, integrierter Team- und Projektstrukturen sowie überschaubarer Entwicklungen sehr hilfreich ist (vgl. ▶ Checkliste »Aus-Bildung«). Jeder weiß, was er tut, und das ist miteinander bestens organisiert. Dieses Herkules-Prinzip der klassischen Entwicklung hat nun schon viele Jahre Tradition. Manchmal jedoch auch mit dem Preis: »Die Führungskräfte die wir haben, haben zwar jede Menge Köpfchen, Selbstdisziplin und Elan, doch ihre Unfähigkeit, sich im Job sozial angemessen zu verhalten, lässt sie beruflich scheitern« (Goldstein, 2009).

> **Checkliste »Aus-Bildung«**
> Welche Anteile guter **»Aus-Bildung«** hat die Führungskräfteentwicklung in ihrem Umfeld? Wie und durch wen werden diese realisiert?
> - Erwerb spezifischer Kenntnisse, um Vielfalt zu beherrschen
> - Aneignung von schnell verwertbarem Wissen, das schnell nachgerüstet werden kann
> - Fit machen für den Umgang mit wenigen Ressourcen und Effizienz
> - Situative Vielfalt bewusst machen und ein Eingehen darauf fördern
> - Persönliches Stärken, um den Anforderungen gerecht zu werden
> - Entwicklung vielfältiger Methodenkenntnisse über verfügbare »Hardware«

Der 3. Aspekt ist hingegen eher vom Bildungs- und Wachstumsgedanken, d. h. der Potenzialentfaltung geprägt. Der Gewinn einer guten Bildung lässt sich jedoch schlechter messen und beschreiben als das Resultat klassischer Ausbildungsgänge. Vielleicht würde man diesen Führungskräften eher Souveränität, Integrität, ein gutes Händchen für die Mitarbeiter, eine gute Nase für die Trends und einen langen Atem bei wechselnden Bedingungen zuschreiben. Möglicherweise würde man die Auswirkungen v. a. auch im Umfeld beobachten können, und die Person selbst könnte kaum sagen, was sie nun anders macht. Am besten umschrieben ist der Gewinn mit gut ausgereiften Metakompetenzen (z. B. Problemlöse- und Lernfähigkeit, Impulskontrolle, Frustrationstoleranz, Flexibilität und Selbstoptimierung, Motivation) und einer Haltung, die Reifen und Wachsen bejaht. Dieses Prinzip der Potenzialentfaltung hat höchste Konjunktur für alle Umfelder, für die es, wie oben beschrieben, v. a. um die Sicherung der Handlungs- und Überlebensfähigkeit bzw. die permanente Erneuerung geht (vgl. ▶ Checkliste »Bildung«). Und sie hat, gemessen an bisheriger Gewinnoptimierung, einen hohen Preis: Zeit und Aufmerksamkeit!

> **Checkliste »Bildung«**
> Welche Anteile guter **»Bildung«** hat die Führungskräfteentwicklung in ihrem Umfeld? Wie und durch wen werden diese realisiert?
> - Erhalt von Möglichkeiten, sich Strategien und Innovationen zu erschließen
> - Anregen zum verantwortlichen Handeln, integrativem Denken und Problemlösen
> ▼

- Erfahrungen machen, die Entdecken, Gestalten, Selbsterneuern ermöglichen
- Bilder für Zusammenarbeit fördern mit Flexibilität, Respekt, Vertrauen, Verantwortung
- Üben integrativ gestaltender Fähigkeiten wie: Ausrichten, Energie Mobilisieren, Balancieren, Integrieren, Synchronisieren, Abstimmen und Verhandeln
- Entwicklung eines vermehrten und vielfältigeren Bewusstseins über die eigene »Software«

### Integrationsfähigkeit als Antwort auf Paradoxien

> Natürlich fällt der Apfel von selbst, wenn er reif ist, doch hat der Gärtner drum herum viel Arbeit. (Autor unbekannt)

Und darin liegt wohl die übergeordnete Herausforderung für die zukünftige Entwicklung der Führungskräftearbeit. Entfaltung könnte leicht missverstanden werden, als ob man alles sich selbst überlassen kann, so wie auch das Prinzip der selbstorganisierten Lerngruppen oft versimplifiziert wird. Gleichwohl könnte man aus Gründen der Sicherheit und Loyalität auf bewährte Zugänge der eigenen Arbeit zurückgreifen und damit zumindest ein pragmatisches, wissendes und (be)rechenbares Vorgehen ermöglichen. Sobald Gegensätzlichkeiten auftreten, fühlen wir Menschen oft einen Zwang, wählen zu müssen. Manchmal ist das angemessen. Doch genauso oft ist keine Wahl notwendig, sondern vielmehr das kraftvolle Spielen mit den Möglichkeiten, die sich bieten. Mit einer ausreichend entwickelten Fähigkeit zur Integration können wir »groß« genug sein, um Paradoxien zu leben.

Für die Führungskräfteentwicklung bedeutet das, Umfelder zu schaffen, in denen sowohl Managementprozesse als auch Wachstumsprozesse erlebbar werden, in denen verschiedene Zugänge und Rahmenbedingungen integriert sind. Während das eine systematisier-, plan-, steuerbar und funktional ist, sind die anderen Aspekte des Wachsens eher erfahr- und durchlebbar. Dieses Grundbedürfnis nach Stimulation im eigentlichen Sinne wird auch von den Führungskräften als wesentliches Erfolgsmerkmal zukünftiger Führungsprogramme angesehen. Beispiele dazu finden sich in den nächsten Abschnitten.

## 3.3 Dimension 2: Maßstäbe für eine erfolgreiche Umsetzung – Kunsthandwerk Führung

> » Wie führe ich Leute? Was ist das überhaupt für eine Aufgabe? Man wird irgendwann Leiter und dann stolpert man halt so los, wie man grade so in einer Situation zurechtkommt. So ein bisschen Handwerkszeug einem mitzugeben, das wäre einfach gut. (Führungskraft)

Die Umsetzung vielfältiger Programme zur Führungskräfteentwicklung ist meist geprägt vom direkten strategischen Auftrag, dem vorherrschenden Führungsverständnis und der Verknüpfung mit den gültigen Karrierewegen im Rahmen der Personalentwicklung. Somit sind die Programme, egal ob als Curriculum, als einzelnes Seminar, als Kongress, als Wegbegleitung durch Coaching und vieles mehr, nie losgelöst zu sehen vom Rahmen, in dem sie stattfinden. Vergleichbar ist dies mit einem Bild: Der gezeichnete Inhalt besteht an und für sich, die Botschaft und Wirkung des Bildes jedoch entsteht erst im Zusammenhang mit dem Kontext, in dem wir das Bild betrachten, oder mit der Frage, mit der wir eine Interpretation wagen. Im Folgenden soll daher für eine gelingende Umsetzung weniger der inhaltliche Aufbau spezieller Programme skizziert werden, sondern vielmehr ein Bewusstsein dafür geschaffen werden, welche Maßstäbe an die erfolgreiche Umsetzung von Programmen angelegt und welche Qualitäten in den Veranstaltungen erfahrbar gemacht werden können. Eine gezielte Auswahl und Zusammenstellung treffen dann die Verantwortlichen in ihrem jeweiligen Verfügungsrahmen.

### 3.3.1 Theorie als Maßstab – Inhaltliche Gestaltung

Für eine inhaltliche Orientierung anhand von Führungsmodellen eignet sich aus unserer Sicht nach wie vor ein Modell der Führung, das aus dem Jahre 1994 von John Nicholls stammt: »Transformierende Führung – Führen mit Kopf, Herz und Hand«, hat er seine Veröffentlichung genannt (◘ Abb. 3.1). Genau darin findet sich Führungskräfteentwicklung mit dem Bild des »Kunsthandwerks« wieder. Ein großer Teil der Führungsarbeit ist Handwerk: vergleichbar mit den strategisch-administrativen Anteilen, dem klassischen Management. Ein anderer Teil, stark geprägt von der jeweiligen Situation und den Beteiligten, ist Kunst: vergleichbar mit Führung im engeren Sinne, geprägt durch ein »gutes Händchen«, den Umgang mit Widersprüchlichkeiten, dem Aufrechterhalten der Energie und Motivation sowie letztlich dem Ermöglichen echter Transformation mit neuen Denk- und Verhaltensweisen. Während die Praxis der Führungskräfteentwick-

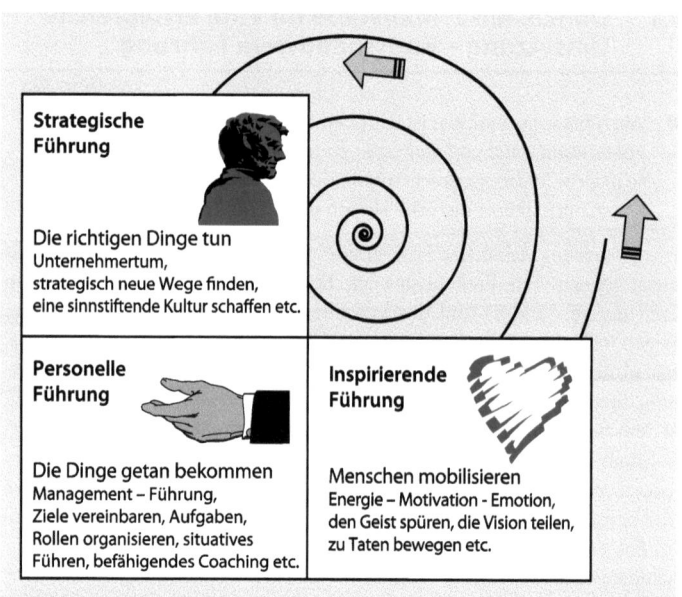

**Abb. 3.1** Kopf, Hand und Herz – das Konzept der transformierenden Führung. (Angelehnt an Nicholls, 1994)

lung seit Jahren zahlreiche Angebote zum handwerklichen Bereich kennt, bleibt das Feld der »Transformation« und sozusagen der »Herzensbildung« nach wie vor experimentell. Des Weiteren spiegelt sich im Modell der bereits erwähnte Unterschied zwischen Ausbildung und Bildung bzw. zwischen Kompetenzentwicklungs- und Potenzialentfaltungsprozessen wider. Beispielsweise in Change-Prozessen besteht die Führungsaufgabe darin, »äußerlich« und methodisch den Change-Prozess anzulegen, zu strukturieren, zu kommunizieren, zu kanalisieren (Geschäftsmodellarbeit, Strategie, Projektgruppen etc.) und »innerlich« die Mitarbeiter »hindurch zu geleiten« – »managing transition« –, d. h. den Mitarbeitern die Möglichkeit zu geben, ihre eigene mentale, emotionale Transformation zu durchlaufen. Besonders wichtig ist dabei die Strecke zwischen dem »Nicht-mehr« und »Noch-nicht« – die Wegstrecke, in der die inneren Konflikte zwischen dem Bedürfnis nach Zugehörigkeit/Bindung einerseits und nach Autonomie/selbstständiger Neugierde andererseits aufgegriffen und vermittelt werden wollen.

### 3.3.2 Erfahrung als Maßstab – das Führungshandwerk beherrschen und die Führungskunst vorleben

Die Erfahrung hat gezeigt, dass gerade der handwerkliche Bereich der Führungsausbildung bei neu ernannten Führungskräften im Sinne eines »Basis-Toolkit« oder einer »Führungswerkstatt« hohen Mehrwert stiftet. Klassiker dazu sind (vgl. Kälin & Müri, 2005):

- Führungsrolle, Anforderungen und Aufgaben einer Führungskraft
- Kenntnis und Einsatz der Personalführungsinstrumente
- Motivation
- Diagnose von Führungssituationen
- Gesprächsführung in unterschiedlichen Situationen
- Zusammenarbeitsmodelle im Team und Gruppendynamik
- Ausgewählte Strategie- und Managementmethoden (z. B. Entscheidungsverhalten, Arbeit mit dem Geschäftsmodell, etc.)

Interessanterweise steigt in Umbruch- und Krisenzeiten auch wieder der Bedarf an diesen Zugängen, da sich durch die hohen situativen Anforderungen einerseits Defizite im Können bemerkbar machen oder andererseits einfach neue Orientierung und Handlungssicherheit durch Wiederholung zurückerobert wird. Hierin liegt auch der wesentliche Wirksamkeitsfaktor derartiger Ausbildungsprogramme: Handlungssicherheit – gewonnen durch Übung, Konsistenz und Kontinuität. Das heißt, hier spielt die inhaltliche Schlüssigkeit und Konsequenz der Modelle eine größere Rolle als das breite Angebot existierender Führungstheorien. So einfach wie möglich, so komplex wie nötig. Und jeder Handwerker ist so gut, wie er seine Werkzeuge professionell anwendet; d. h. derartige Programme erfahren ihre Nachhaltigkeit durch die Häufigkeit des Übens, des Anwendens in verschiedenen Situationen und der kontinuierlichen, für einen bestimmten Zeitraum ermöglichten (kollegialen) Begleitung!

Mit zunehmender Erfahrung und steigender Komplexität der eigenen Aufgabe verschieben sich persönlicher Anspruch und Wirksamkeitsfaktoren von Führungsprogrammen. Je vielfältiger die Situationen und je widersprüchlicher die Anforderungen an die Führungskräfte, desto wichtiger werden die bereits erwähnten emotionalen und transformierenden Dimensionen des Führens. Hierbei geht es weniger um spezifisches Können als vielmehr um die Fähigkeiten zur Reflexion der eigenen Person, um Selbstwirksamkeit in verschiedenen Situationen, um den Erhalt der eigenen Energie und um emotionale Stabilität. Jeder Zugang, der v. a. auf Wissen fokussiert, kommt dabei an seine Grenzen. Thematisch geht es hier um Aspekte des Krisen- und Change-Managements, der Innovation, der individuellen und teambezogenen Spitzenleistung, des Umgangs mit Druck und gekürzten Ressourcen, komplexen Problemlöse- bzw. Kooperationsmodellen innerhalb verschiedener Organisationsstrukturen. »Lieber mit kleinen Dingen vielfältig als mit großen Dingen einfältig umgehen«, könnte man die hier notwendige Art von Methodik und Didaktik umschreiben. Der wesentliche Schwerpunkt liegt im Erfahren, sozusagen dem »Erleben am eigenen Leibe«, und daher sind derartige Veranstaltungen umso wirksamer, je realitätsnäher sie sind. Je stärker die Qualitäten des Führungsalltags abgebildet werden können und je konkreter anhand dessen Erkenntnisse transferiert werden können, desto wirkungsvoller werden die Angebote von den Führungskräften wahrgenommen. Das heißt nicht, dass es sich immer um ebengleiche Umfelder handeln muss, denn häufig bieten Zugänge aus völlig anderen Gebieten hier einen Mehrwert (andere Branchen, Natur, Kunst, Militär etc.), doch es braucht Projektionsflächen für das eigene komplexe Erleben. In diesem Zusammenhang sind beispielsweise auch »Vorbilder von Führung« gefragt.

### 3.3.3 Akzeptanz als Maßstab – Was bieten Veranstaltungen, die als besonders und nachhaltig gelten?

In zahlreichen Evaluationen wird immer wieder der Erfolg der Programme und Veranstaltungen erfasst. Die unternehmensinterne und personalpolitische Fragestellung dazu lautet unter anderem: In welchen Feldern ist eine Weiterentwicklung der Führungskräfte gelungen und wenn ja, wie? Wenn wir jedoch die Führungskraft stärker als Kunden verstehen und damit die Rolle der Führungskräfteentwicklung als »Produktentwickler« sehen, dann stellt sich die Frage: Welche Produkte akzeptiert Ihr Kunde am stärksten? Welche Bedürfnisse müssen abgedeckt sein, so dass Führungskräfte am stärksten profitieren?

Hierzu wurden in einer Evaluation verschiedene Führungsprogramme anhand eines Modells zu psychologischen Prozessen bei der Produktentwicklung und -wahrnehmung (Hassenzahl, 2005) untersucht. Unterschieden wurde nach 4 Grundbedürfnissen, die bei der Gestaltung von Produkten generell beachtet werden sollten und die ebenso im Bereich der Führungskräfteentwicklung angewandt werden können. Die Führungskräfte wurden befragt, inwieweit das Programm/Seminar/der Workshop folgende Bedürfnisse erfüllte (Küttner, 2009):

1. Bedürfnis nach **erfolgreicher Manipulation der Umwelt**, d. h. die Führungskräfte können mit den angebotenen Techniken, Ressourcen, Übungen und Inhalten ihre Aufgaben besser erledigen und ihre Ziele

funktional erreichen. Kennzeichnende Attribute sind: es war nützlich, praktisch, sinnvoll, anwendbar, für die persönliche Zielerreichung gut zu gebrauchen.
2. Bedürfnis nach **Stimulation,** d. h. die Führungskräfte fühlten sich in ihrem persönlichen Wachstum gestärkt und erlebten eine allgemeine Verbesserung von Kenntnissen und Fertigkeiten. Sie wurden überrascht und es eröffneten sich Möglichkeiten, die über die normale Aufgabenbearbeitung hinausgehen. Typische Attribute sind: originell, innovativ und herausfordernd. Die Betonung liegt hier auf dem Ausprobieren neuer Herangehensweisen (»Musterbruch«), die man bisher nicht benötigte (bzw. dachte, sie nicht zu benötigen). Es geht um eine kognitive Anregung, um Neugier und den Erlebnisaspekt, wie bei Wettkampfsituationen oder Spielen im Seminar.
3. Bedürfnis nach **Ausdruck und Stärkung der eigenen Identität,** d. h. mit der Veranstaltung wurden wesentliche Werte bzw. Aspekte der eigenen Person verstärkt und ggf. bestehende Defizite ausgeglichen, weil man »dazugehörte«. Die Führungskräfte fühlten sich verbunden mit etwas Besonderem oder unterschieden als etwas Besonderes, die eigene Rolle wurde verdeutlicht oder durch das Erkennen positiver Eigenschaften wurde die eigene Wirkung erhöht. Typische Attribute: verbindend, stilvoll, vorzeigbar.
4. Bedürfnis nach **Symbolisierung,** d. h. durch die Veranstaltung konnte ein besonderer emotionaler Gehalt vermittelt werden, der erinnerungswürdig war, einmalig, den man am liebsten noch einmal erleben würde; für den man dankbar ist und wo man ggf. Grenzen überwunden hat, die man sonst nie angegangen wäre. Die Erinnerungen an die Veranstaltung werden typischerweise wie eine Art Souvenir beschrieben, das man bei sich trägt und wofür man dankbar ist.

Während das 1. Bedürfnis der Kategorie »pragmatisch« zugeordnet werden kann, sind die letzten 3 Bedürfnisse eher hedonistischer Art. Als Verantwortliche der Führungskräfteentwicklung fühlen wir uns häufig dem pragmatischen Nutzen verpflichtet und gehen davon aus, dass unsere »Nutzer« hierin die größten Bedürfnisse haben. In dieser Untersuchung zeigte sich das Gegenteil: Besonders die Erfüllung der hedonistischen Bedürfnisse wurde von den Führungskräften als wichtig und zukunftsträchtig erachtet. Ganzheitlich angelegten Veranstaltungen, insbesondere mit dem Charakter der »Stimulation« und des »Symbolisierens«, wurde besondere Bedeutung beigemessen. Denn hier war es gelungen, mentale, emotionale und körperliche Prozesse in Einklang zu bringen, nach dem Motto: »Bilder bleiben, Inhalte verfliegen«. Nachhaltigkeit ist demzufolge insbesondere dann gesichert, wenn die Voraussetzung für emotionales Erleben, Reflexion und persönliches Wachstum gegeben ist.

Wenn wir also von Führung als Kunst sprechen und dabei eine »Herzensbildung« ebenso einschließen wie die Förderung der Integrationsfähigkeit der Führungskräfte, dann gilt es in der Umsetzung immer wieder nach methodischen Zugängen zu suchen, die darin einen Mehrwert bieten. Häufig lässt er sich messen an der Akzeptanz der Produkte, doch letztlich ist v. a. die Nachhaltigkeit entscheidend: »Diese Veranstaltung erinnere ich nicht nur, sondern sie hat mir geholfen, meinen weiteren Weg erfolgreich zu bestreiten.« In diesem Zusammenhang wurde deutlich, dass die Nachhaltigkeit der Veranstaltungen v. a. dann gegeben ist, wenn zusätzlich zum Erleben v. a. reflexive Prozesse ermöglicht werden, wenn über außenstehende Standpunkte, andere Urteils- und Einschätzungsmöglichkeiten, ein neuer Zugang zu sich selbst bzw. zu den Erfahrungen anderer Menschen gefunden wird (Küttner, 2009).

> Ich habe selten ein Seminar erlebt, von dem ich so viel so nachhaltig und lang anhaltend positive Rückmeldungen erfahren konnte, jetzt auch so in den Mitarbeitergesprächen. Und das ist das größte Geschenk, was ein Unternehmen sich selber machen kann und auch den Menschen machen kann, indem man uns die Gelegenheit gibt, uns mit uns selber zu beschäftigen und mit Themen, die den Menschen interessieren. (Führungskraft)

Für Veranstaltungen, die sehr lange und nachhaltig erinnert wurden, war es besonders kennzeichnend, dass sie Führungskräften sozusagen »authentische Lösungen« ermöglichten. Authentisch wurden sie betrachtet, wenn sie halfen, das innere Potenzial für folgende bevorzugte Situationen zu erschließen:

- in Extremsituationen oder bei Burnoutgefahr Ressourcen mobilisieren,
- in kontroversen Diskussionen, Verhandlungen oder allgemein Situationen mentale Stabilität ermöglichen,
- Intuition als eine der als am wichtigsten empfundenen Kompetenzen der befragten Führungskräfte und Kreativität als Basis für Innovation stimulieren,
- in Krisenzeiten emotionale Stabilität ermöglichen.

Darüber hinaus wurden Veranstaltungen dann nachhaltig erlebt, wenn sie
- ein hohes Maß an Individualität und Autonomie fördern, d. h. Möglichkeiten bieten, Neues auf eigene Art und Weise tun zu können und mit individuellen Wertvorstellungen zu verknüpfen,
- Möglichkeiten zur Reflexion liefern, auf individueller und Gruppenebene,

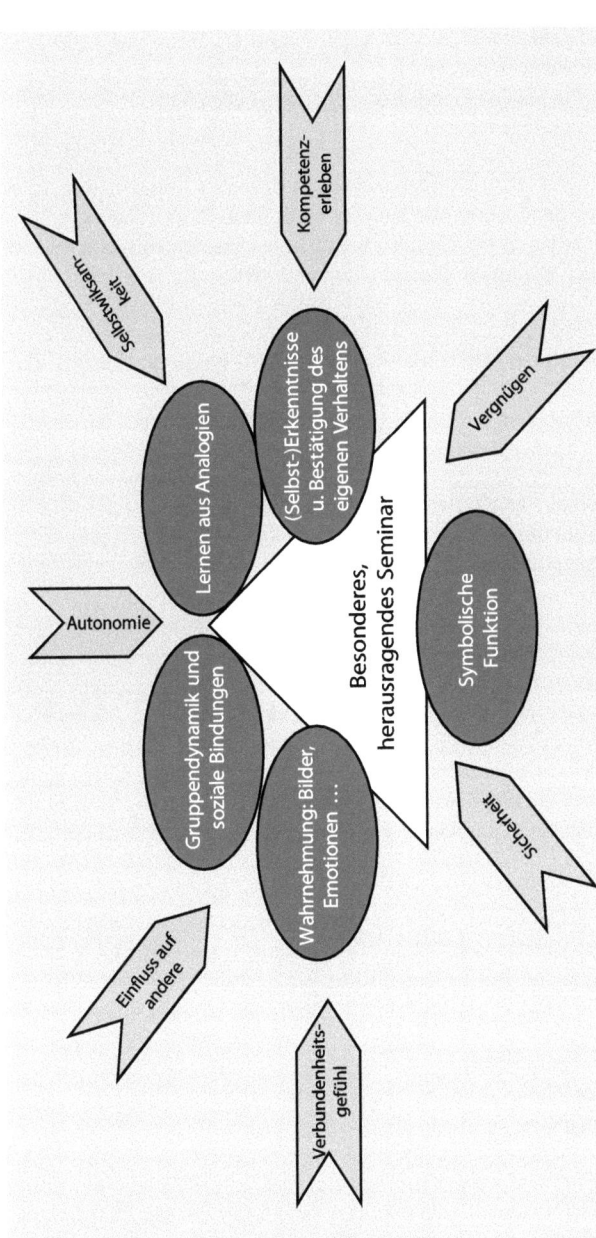

**Abb. 3.2** Zusammengefasste Komponenten einer als »besonders und nachhaltig« erlebten Veranstaltung im Rahmen der Führungskräfteentwicklung (Küttner, 2009)

- Verbundenheit und Vernetztheit ermöglichen, um so Vielfalt (Diversity) erlebbar zu machen,
- ein hohes Maß an Freude und Vergnügen bieten und
- Achtsamkeit generieren.

◻ Abb. 3.2 gibt einen Überblick über die einzelnen Komponenten eines besonderen Seminars und die Bedürfnisse, die bei den Führungskräften abgedeckt sein müssen, damit sie am stärksten von den entwickelten Veranstaltungen profitieren können (Küttner, 2009).

### 3.3.4 Ausgewählte konkrete Veranstaltungsbeispiele

Zur exemplarischen Vertiefung sollen einige Veranstaltungen mit derartigen ganzheitlichen Zugängen in ihren Qualitäten skizziert werden.

- **Lernen aus Analogien – Natürlich mehr Leisten: Von Sportlern lernen – als Führungskraft erfolgreich sein und gesund bleiben; ein Konzept und ein Seminar**

Gerade in stark wettbewerbsorientierten Organisationskulturen, die einen hohen Wert auf Leistung, Leistungsbereitschaft und -fähigkeit legen, entwickelt sich mit steigenden Anforderungen und knapperen Ressourcen das Verhalten häufig zu einem »mechanischen Funktionieren« (»das ist hier der Versuch, den eigenen Körper zu überwinden«, so eine Führungskraft) und das Führungsverhalten verformt sich zu einem Antreibermodell mit dem Anspruch »höher, schneller, weiter« und der Überzeugung »ohne Druck geht hier gar nichts!«. Das kulturelle Ergebnis ist nicht nur Reaktanz bei den Mitarbeitern, sondern auch Burnout bei den Führungskräften und im Miteinander zunehmend Misstrauen und Angst (vgl. Leidenfrost, 2006). Wie kann da wieder Lust auf Leistung entstehen? Um in einer solchen Kultur an einem positiven und gesunden Leistungsverständnis zu arbeiten und gleichzeitig die Dimensionen der Emotionalität und Kooperation mit neuem Blickwinkel einzuführen, eignet sich der Einzel- und Mannschaftssport hervorragend als Analogie. Beispielsweise Themen wie
- Vision und Zielbildung,
- mentale Stärke und Bewältigungsglaube,
- Fokussierung,
- Umsetzungsenergie mobilisieren,
- Steuerung des idealen Leistungszustandes,
- Agieren im Flow, d. h. im richtigen Verhältnis zwischen Anforderung und Können,

- Erfolgsfaktoren von Teamführung oder schlichtweg
- Übung und Training

sind durch zahlreiche Situationen aus dem Sport gut erfahrbar (Leidenfrost & Sachs, 2013). Und dies zum einen für sich ganz persönlich durch ein ritualisiertes Body-Mind-Trainingsprogramm (Sequenzen von Bewegung, Regeneration, Aufmerksamkeitssteuerung etc.) und zum anderen in der Führungsrolle durch Sequenzen zum Thema Teamführung (z. B. mit Hilfe von Trainingseinheiten zum Basketball, Filmen oder Ansprachen an das Team oder in speziellen Führungssituationen unter Unsicherheit und Druck, z. B. mit Hilfe des kampffreien Ki-Jutsu). Das Resümee einer Führungskraft am Ende des mehrtägigen Programms: »Das hier habe ich als einen kreativen Ansatz erlebt, der wieder Menschen aus uns Leuten gemacht hat und mir viele praktische Hinweise zur Steuerung meines Alltags und meines Teams lieferte.« Bildlich gesprochen ist es eine gute Möglichkeit, um eine Brücke zu schlagen zwischen Wettbewerb und Kooperation, zwischen Leistung und Regeneration, zwischen Coach und Mannschaft, zwischen Mensch und Manager und zwischen der eigenen Mitte und den äußeren Anforderungen.

Vergleichbare Ergebnisse können auch durch andere Arten der Analogiebildung wie z. B. Kunst, Natur, Orchester etc. erreicht werden, wobei das Thema Sport nach wie vor an die Erlebniswelten vieler Führungskräfte anknüpft und natürlich gerade in einer noch immer männerdominierten Führungsriege hohen Zug und starke Attraktivität entwickelt, so dass Lernen fast nebenbei passiert.

- **Lernen über Selbsterkenntnis, Reflexion und Stärkung der persönlichen Integrität; Zen meets Business – das Potenzial der Klarheit nutzen, ein Konzept und ein jährlicher Prozess**

Der Anfang von 2,5 Tagen:

> Da sagt der zu mir: »Ich wollt' Ihnen bloß sagen, Sie sind nicht mehr in der Struktur vertreten, ihr Job ist weg, aber machen sie mal so weiter wie bisher.« Ich muss gestehen, ich hab' das nicht ganz verdaut. … Ich erwarte wieder so eine Batterieaufladung, das letzte Treffen hat mich sehr ermutigt, anders auf Leute einzugehen, und jetzt beschäftigt mich der klare Umgang mit dem Unsicheren. … Ich kriege immer mehr Arbeit und wollte eigentlich aussteigen, doch ich habe mich entschieden, noch mal Position zu beziehen, dem Werteverfall entgegenzutreten, um was für die Zukunft zu tun!

Am Ende der 2,5 Tage:

> Also ich bleib jetzt mal stehen und tue was ich kann. Solange ich hier dabei bin, werde ich auch weiter investieren. … Ich bin befreit von der Fragestellung Karriere oder Familie – es beginnt bei mir und nur ich kann es integrieren und nach meinen Werten zusammenfügen. … Für mich bleibt hängen: Beständigkeit und Beharrlichkeit. … Mir ist klar geworden – heureka – da willst du hin. Also den Weg weiter gehen! … Ich werde meine neuen Perspektiven ins Team einbringen und weiß, wir werden es annehmen und losgehen!

Was ist zwischenzeitlich passiert? Es war kein Programm im herkömmlichen Sinn, es ist vielmehr eine Erfahrung, die inzwischen zahlreiche Führungskräfte mindestens einmal pro Jahr machen. Eine Erfahrung, die ihr Leben immer wieder neu verändert und v. a. die Identifikation mit dem eigenen Tun und der persönlichen Verantwortung erhöht. Wie verbinden sich altes Wissen und aktuellste Führungsperspektiven? Wie gehen Management und Zen »zusammen«? Ganz einfach: mit bildhafter Sprache, vielfältigen praktischen Übungen und jeder Menge Humor! Natürlich sind die Dinge nicht so einfach, wie sie scheinen, v. a. in der Umsetzung, doch wenn es uns gelingt, Erfahrungen in einem neuen Licht zu sehen und eine andere Haltung einzunehmen, dann können Entwicklungen geschehen! Kompliziertes wird einfach, Schweres wird leicht. Die Entdeckungsreisen zwischen Management und Zen sind für viele Führungskräfte und Unternehmer inzwischen zu einem Klassiker der Personal- und Persönlichkeitsentwicklung und für manche zur Passion geworden. Denn unkonventionelle Methoden verbinden sich in diesem Fall mit Menschlichkeit und Heiterkeit!

Gerade in Zeiten von Umstrukturierungen, Krisen, Neuorientierung ist es für Führungskräfte wichtig, innerhalb von Turbulenzen den Überblick zu wahren, eine klare Perspektive zu entwickeln sowie gleichzeitig eine gute Intuition für die Notwendigkeiten des Augenblicks zu haben. Lösungen müssen schnell gefunden und auf den Punkt entschieden werden! In diesen Situationen hat Führungsstärke oft damit zu tun, »die Ruhe weg zu haben«, »glaubwürdig zu sein«, »geschmeidig zu bleiben«. Führungserfolg ist deshalb verbunden mit der Fähigkeit, geistig fokussiert und klar zu bleiben – ein hohes Energiepotenzial aufrecht zu erhalten – in kritischen Situationen Emotionen steuern zu können und letztlich sich selbst und andere mit Begeisterung und Verantwortungsgefühl von Etappe zu Etappe zu führen! Eine Erkenntnis, die viele teilen – ein Anspruch, dem man nur mit ständigem Üben gerecht werden kann!

Führungsprogramme in schwierigen Zeiten können leider keine »Erlösung« bieten, obwohl sie erwünscht ist. Das wichtigste an verschiedenen

Zugängen zur persönlichen Selbstreflexion ist jedoch, dass diese Halt (Beruhigung) und Anhaltspunkt (Orientierung) bieten, in welchem sich der persönliche Inhalt (Ziele, Werte, Maßstäbe etc.) neu ordnen und harmonisieren kann. So entsteht in ganzheitlicher Art ein »Raum für sich selbst« und eine Umgebung, sozusagen ein »Betriebsklima«, in dem die Kohärenz des eigenen Organismus ebenso gefördert wird wie ein integres Miteinander. Anstelle fertiger Lösungen auf dem Serviertablett wird Handlungsfähigkeit neu ermöglicht und v. a. langfristig für körperliche, geistige und seelische Gesundheit gesorgt.

- **Stimulation, Identität und symbolische Funktion in einem – Integration verschiedener Perspektiven auf Führung; ein Kongress**

»Stellen Sie einfach das Thema Führung in ein anderes Umfeld! Diesen offenen Geist, alte Strukturen und eigene Denkmuster aufbrechen und immer wieder dieser neue Anreiz, das finde ich den absolut richtigen Weg.« Diese Führungskraft bezieht sich auf eine Erfahrung bei der innerhalb von 1,5 Tagen mehrere Kurzworkshops zu verschiedenen Perspektiven auf Führung besucht werden konnten. Das Ganze wurde jeweils unter ein aktuelles Gesamtthema gestellt, und Workshops sowie plenare Sequenzen in der Großgruppe mit ca. 100 Personen wechselten sich ab. Dieser Kongresscharakter erfreut sich bei den Führungskräften sehr hoher Beliebtheit, weil es eine Gelegenheit ist, sich mit wenig zeitlichen Ressourcen doch dem Thema »Führung« in seiner Ganzheit zu nähern.

Im Kontrast zur Spezialisierung und Vertiefung einzelner Fähigkeiten leben derartige Veranstaltungen v. a. von der Vernetzung und wechselseitigen Beeinflussung der verschiedenen Perspektiven in den Workshops. Komplexität wird in Kürze erfahrbar, sowohl im einzelnen Workshop als auch in der Summe aller Impulse. Und entgegen professionellen Befürchtungen, dass man eben »nichts richtig machen kann«, sind selbst die Referenten jedes Mal aufs Neue erstaunt, wie intensiv und dicht 2,5 Stunden Workshop werden können und wie viel dort jeweils an »Bewegung« geschieht. Durch die Großgruppe und einen thematisch passenden symbolischen Rahmen haben derartige Veranstaltungen oftmals einen sehr identitätsstiftenden Charakter innerhalb der Kultur eines Unternehmens. Die Exklusivität der Referenten und die Möglichkeit, sich als Teil der »Führungscommunity« zu sehen, werden als Zeichen großer Wertschätzung durch das Unternehmen wahrgenommen. Dem Bedürfnis nach Stimulation und Wachstum wird man hier auf eine andere Art gerecht als beispielsweise innerhalb der oben erwähnten selbstreflexiven Zugänge. Wesentlich scheint der Impulscharakter mit innovativen, unkonventionellen Themen, der eben kein Lehrcharakter ist, sondern ein spielerisches Entdecken ermöglicht.

## ▪ Gruppendynamik und Metakompetenzen erlebbar gemacht – Talenteförderung; ein Profil und seine Auswertung

Führungskräfteentwicklung im Bereich der Talente und Potenzialträger hat ihre Aufgabe v. a. bei der Unterstützung und Begleitung der beruflichen Orientierung und Entwicklung, der Reflexion von persönlichen Kompetenzen und der Förderung von selbstverantwortlichem Denken und Handeln. Zentral sind dabei Gelegenheiten zur persönlichen Standortbestimmung. Diese Momente sind oft mit entscheidend dafür, wie die eigenen Möglichkeiten zwischen Zugehörigkeit und Bindung zum Unternehmen einerseits und Autonomie und Selbstverwirklichung andererseits wahrgenommen werden. Hier ein Programm zu entwickeln, welches das Potenzial für eine ehrliche, beschreibende Auseinandersetzung mit dem eigenen Entwicklungsstand bietet und gleichwohl Anreiz ist, weiter zu wachsen, ist oft nicht einfach. Denn das Fachwissen, die Einstellungen, Motive, Werte und Kernkompetenzen bilden zwar eine wichtige Grundlage, erfolgreiches Handeln zeichnet sich jedoch besonders dadurch aus, dass die Führungskräfte in der Lage sind, die eigenen Ressourcen und Stärken in wichtigen Situationen tatsächlich abzurufen. Mehrfach wurde bereits erwähnt, dass es hier v. a. um übergeordnete Qualifikationen wie z. B. Eigenständigkeit, Verantwortungsbereitschaft, selbstbewusstes Handeln, erfolgreiche Problemlösung oder das Gespür für soziale Situationen geht. In diesem Zusammenhang geht es nicht um die Frage der harten Leistungsbeurteilung, welcher die Führungskräfte im Arbeitsalltag täglich beggnen, sondern vorrangig darum, für welche Strategie sie sich bei der Lösung von Problemen entscheiden, d. h. es geht im Kern um die sog. wissensunabhängigen Kompetenzen.

Über die Auseinandersetzung mit den eigenen Metakompetenzen – von der Erfassung des eigenen Profils über den beschreibenden Dialog diesbezüglich in der Klein- bzw. Großgruppe bis hin zum Abgleich mit persönlichen Zielen und zur Ableitung von Handlungskonsequenzen – kann in der Talente- und Potenzialförderung zu einem sehr frühen Zeitpunkt ein sehr interessanter Zugang zu den persönlichen Erfolgsfaktoren von Führung gefunden werden. Wenn die eigenen Handlungsmuster, gerade im Umgang mit hohen Anforderungen und in der Beziehungsgestaltung, bewusst werden, hat das für viele Führungskräfte den wertschätzenden Effekt, erstmals nicht »bewertet«, sondern wirklich »gesehen« und »verstanden« worden zu sein. Erfahrungen aus der persönlichen Entwicklungsgeschichte und deren Auswirkungen auf das individuelle Gewordensein können reflektiert werden. Im Folgenden ist der Schritt zum konkreten Verständnis des persönlichen Einflusses auf soziale Beziehungen und emotionale Situationen (egal ob mit Mitarbeitern, mit Familie, mit Freunden) ein kleiner. Erlebte Führungsinteraktionen werden verstehbar. Der

Aha-Effekt besteht oft darin, dass es für die eigene Entwicklung und die der Mitarbeiter eben nicht darum geht, noch mehr Wissen zu vermitteln, sondern eher dafür zu sorgen, dass andere Erfahrungen als bisher gemacht werden können! Karriereentscheidungen erhalten eine andere Grundlage und bieten konkrete Anhaltspunkte für den eigenen Weg vom Wollen zum Können zum Tun.

- **Und Management? Innovation – wie kommt das Neue in die Welt; ein Vortrag**

Jeder hat viele Ideen im Kopf. Doch wie kommt das Neue letztlich in die Welt? Wenn der gewohnte Erfolg ausbleibt oder mehr Anstrengung vonnöten ist, um das bestehende Ergebnis zu erzielen, denken wir oftmals über Möglichkeiten nach, effizienter zu werden. Doch vielleicht ist gerade das effiziente Anwenden der Erfolgsrezepte aus der Vergangenheit die Ursache für den zukünftigen Misserfolg? Managementbildung ist daher nur zum Teil geprägt durch das Verstehen betriebswirtschaftlich-strategischer Methoden. Um gerade Innovation zu fördern, bedeutet das in erster Linie, dass sich Manager in Frage stellen, sich mit dem eigenen Denkstil auseinander setzen. Erst dann geht es um Arbeit an der Strategie, am Geschäftsmodell, am Leistungsportfolio oder den Prozessen. Nun lässt sich Innovationskraft und -bereitschaft der Führungskräfte wohl am wenigsten durch einen Vortrag erreichen und dennoch ist es eine Möglichkeit! Was, wenn es mit einer einladenden Vortragskultur gelingt, die Zuhörer zu einem ganz mündigen Umgang mit den vorgestellten Modellen anzuregen? Wenn es gelingt, dass Dialog entsteht, dass die Auseinandersetzung mit den eigenen Denkstilen selbst als Erlebnis erfahren wird und sich mehr und mehr Knoten lösen? Wenn die Zuhörer das Gefühl haben, eher in einer »Denkwerkstatt« zu sein als in einem Vortrag? Wenn sie am Ende erkennen, wie sie die kreativ-konstruktive Haltung selbst in sich tragen und den Funken der Inspiration auch weitergeben können? Wenn sie sich selbst neu erdacht, erlebt, geführt haben und gespürt: »the brain runs on fun!« – ist dann nicht die beste Basis geschaffen für Innovationsbereitschaft und -prozesse in einem Unternehmen? Die Art und Weise der Vermittlung, aufrüttelnde und berührende Beispiele, unterstützt durch eine gezielte Zusammensetzung der Gruppe (groß, divers, vernetzend) oder auch bereichsspezifisch konkret, können hier einen »neuen Geist« wehen lassen, ohne dass man tagelang Kreativitätstechniken erlernen müsste.

Diese verschiedenen Beispiele hinterlassen sicher den Eindruck, dass Führungskräfteentwicklung längst nicht mehr ein unternehmensinterner oder externer Service ist, auch kein System mehr, das Führungskräfte durchlaufen. Vielmehr ist ein Teil davon systematisch, und weitere Anteile (z. B. Beratung) können Servicecharakter haben, doch in weiten Teilen hat

Führungskräfteentwicklung heutzutage den gleichen Auftrag wie Führung selbst: notwendige Transformationen zu ermöglichen und die Innovationskraft der Einzelnen und des Unternehmens zu stärken. Dafür braucht es selbst hier integrative Ansätze aus Mentoring, Coaching, Personal- und Organisationsentwicklung. Und letztlich braucht es v. a. die Nähe zu den Führungskräften selbst: »… das meine ich so, wir kommen hierher und lassen uns schulen. Was ich jedoch noch nicht erlebt habe, ist, dass diejenigen, die Führungskräfteentwicklung machen, in der Realität vorbeikommen, um mal an meinem Arbeitsplatz zu sehen, was hier tatsächlich passiert.«

## 3.4 Dimension 3: »Lernformate und innere Haltung« – Ob Kinder lernen, was wir ihnen beibringen wollen, ist fraglich, unser Benehmen dabei lernen sie allemal

- **Welche Art der Vermittlung prägen Ihre Veranstaltungen und Programme mit Führungskräften?**

Für den Lernbegriff und die Haltung beim Lernen gibt es in der Erwachsenenbildung eine vergleichbare Entwicklung wie in der kindlichen Bildung. So stand bis Ende der 70er Jahre die gezielte Aneignung klar abgrenzbarer Wissensgebiete im Vordergrund: »intentionales Lernen« (Arnold, 1999, S. 2). Lernen wurde v. a. durch fest institutionalisierte und durch Experten realisierte Lehre gefördert, bei der die Vermittlung von fachlichen Inhalten im Mittelpunkt stand. Seit den 90er Jahren wird diesem Modell, der sachorientierten Belehrungsdidaktik, der Ansatz einer aneignungsorientierten Ermöglichungsdidaktik gegenübergestellt (Arnold & Siebert, 1995, S. 91). Denn man hatte 2 wesentliche Dinge erkannt. Zum einen war es aufgrund zunehmender Wissensexplosionen und erhöhter Dynamik wirtschaftlicher Entwicklungen kaum mehr möglich, konkrete Einzelqualifikationen vorherzubestimmen und in klar abgrenzbare Qualifizierungsmaßnahmen zu übersetzen, und zum anderen waren nicht mehr fest umrissene Handlungsmuster gefragt, sondern eine alltägliche Handlungskompetenz. Mit diesen neuen Annahmen setzte sich schnell die Überzeugung durch, dass Weiterbildungsangebote v. a. dann nachhaltiges Lernen sichern, wenn sie an die Werte- und Deutungsmuster des Einzelnen anknüpfen, d. h. das bereits »eingelagerte Wissen« systematisch mit einbeziehen (Arnold & Schüßler, 2000, S. 316). Die Trendwende, die sich hieraus für die Weiterbildungspraxis abzeichnete, war gekennzeichnet durch eine verstärkte Aufmerksamkeit auf Reflexion, Selbsterkenntnis und Deutung von bestehenden Handlungs- und Einstellungsmustern. Beispiele hierfür sind selbstgesteuerte Lerngruppen, Supervisionsgruppen oder Coaching, bei denen ganz gezielt mit den individuellen Wissensbeständen, Wahrnehmungen und Interpretationen gearbeitet werden kann.

Andererseits erweisen sich die knappen Budgets für Führungskräfteentwicklung und die oftmals weltweite Verteilung der Führungskräfte als Hindernis für ein Zusammenkommen in der Gruppe, mit der man Zeit und Aufmerksamkeit teilt. Inzwischen wird auch hier vielfältig experimentiert und kommuniziert, mit Web-based-Seminaren, mit Telefon- und Videokonferenzen, Podcasts und anderen Möglichkeiten. Zukünftig wird es diesbezüglich notwendig sein, Lernen noch flexibler zu ermöglichen. Dazu werden vernetzte Lernformate gehören, die beispielsweise einen spielerischen Charakter mit der Simulation komplexer strategischer Problemlösungen verbinden, die eine andere Art von Community ermöglichen, wie das in medialen Welten inzwischen üblich ist. Vergleichbar mit Innovationsansätzen sind auch Lernformate denkbar, bei denen eine Kokreation zwischen Lernendem und Lehrenden stattfindet, so dass Wissen auch mit neuen Medien immer stärker integrativ erfahren wird. Die Flexibilität der Verantwortlichen und Führungskräfte wird steigen. Dennoch findet Beziehungslernen noch immer in Beziehung statt, und hier sind Intensität und Nähe der Kommunikation durch die Medien bisher oft noch eingeschränkt.

In einer Untersuchung zu Wirksamkeitsfaktoren bei Persönlichkeitstrainings (Leidenfrost, Götz & Hellmeister, 1999) zeigte sich, dass v. a. der Trainer mit seiner Professionalität und seiner Persönlichkeit im Zusammenhang mit der Gruppenatmosphäre das Lernen entscheidend beeinflusst. Das heißt, nicht die Frage »Was, welche Methode wirkt gut?« steht im Vordergrund, sondern vielmehr die Frage »Warum?«. Wie ist das Zusammenspiel zwischen Trainer, Teilnehmern und Umfeld abgelaufen, so dass die Teilnehmer es als erfolgreich empfunden haben? Dieser Aspekt scheint vor dem Hintergrund der bisher skizzierten Inhalte und der mehrfach erwähnten Wichtigkeit der sozial-emotionalen Dimension beim Führen von besonderer Bedeutung in der Führungskräfteentwicklung. »Ein Referent muss meiner Meinung nach nicht in Anzug oder Krawatte vor der Gruppe stehen, aber in Sweatshirt und Jeans sollte er nun auch nicht erscheinen! Sonst stellt sich evtl. die Frage: »Ist das der Referent oder der Hausmeister?«, so eine Führungskraft (s. auch ▶ Checkliste »Innere Haltung«).

> **Checkliste »Innere Haltung«**
> Mit welcher inneren Haltung gehen die Trainer, Berater, Coachs in die Veranstaltungen? Welche Arten von Beziehung und Kommunikation werden damit geschaffen?
> - Mit der Haltung des Referenten, der Schülern das Wissen referiert?
> - Mit der Haltung des Hausmeisters, der jetzt endlich mal für Ordnung sorgt oder selbst reparierend Hand anlegt?
> - Mit der Haltung eines Reiseleiters, der es Reiselustigen ermöglicht, neue Landschaften zu erkunden?
> - Mit der Haltung des Geburtshelfers, der Talenten den Rahmen bietet, so dass Potenziale sich entfalten können?
> - Mit der Haltung des Seelsorgers, der Menschen in schwierigen Situationen Halt und Stütze bietet?
> - Mit der Haltung des Gärtners, der den »Unternehmensgewächsen« die Atmosphäre zum Weiterwachsen schafft?
> - Usw.

Was Führungskräfte über Führung lernen, hat aus unserer Sicht im Wesentlichen damit zu tun, *wie* sie über Führung lernen und in welcher Haltung sie dies tun.

» Gute Führung hat also gar nicht so viel damit zu tun, bestimmte Situationen zu meistern oder Fähigkeiten zu beherrschen. Sie entsteht vielmehr aus dem ehrlichen Interesse an den Menschen, auf deren Kooperation und Unterstützung eine Führungskraft angewiesen ist. Und gute Führung bedeutet auch, ein Talent dafür zu haben, diese Menschen in positive Stimmung zu versetzen. Es geht also um eine Reihe zwischenmenschlicher Fähigkeiten, die andere Menschen zu effizienter Arbeit inspirieren. (Goleman & Boyatzis, 2009, S. 38)

Wenn also Mitarbeiter demnach Spiegelbilder ihres Chefs sind, dann sind Führungskräfte in den Veranstaltungen auch Spiegelbilder ihrer Trainer, Berater, Coachs. Fabio Sala konnte beispielsweise feststellen, dass erfolgreiche Führungskräfte ihre Mitarbeiter im Durchschnitt 3-mal so oft zum Lachen bringen wie mittelmäßige Führungskräfte. Mit anderen Worten: Selbst Lachen ist insofern eine ernste Angelegenheit (Sala, 2003).

Nun geht es nicht vordergründig ums Lachen, wenn wir eine förderliche Haltung in der Führungskräfteentwicklung erkunden, selbst wenn ein humorvoller Blick auf die eigene Zunft immer angesagt ist, doch es geht letztlich darum, eben solche Kontexte (Haltung, Beziehung, Umfeld) zu schaffen, dass sich Führungskräfte verstärkt im Einklang mit sich selbst und mit ihrem Umfeld fühlen. In der Folge sind sie auch in der Lage, stärker auf die emotionalen Bedürfnisse der Mitarbeiter einzugehen und den eigenen Kommunikationsstil zu optimieren. »Gute Führung merkt man nicht« (Dohne, 2009), denn wenn Führung auch Einfühlung bedeutet und das Ganze in eine zieldienliche Kommunikation gebracht werden kann, dann haben Führungskräfte auch Folgende. Führung leitet sich vom Wortstamm »fahren« ab und beinhaltet damit, etwas in Bewegung zu bringen, also Antrieb und Energie bereitzustellen, um sich auf ein Ziel hin zu bewegen. Aus neurobiologischer Sicht wird das menschliche Motivationssystem v. a. durch soziale Resonanz und Kooperation tätig. Menschen, mit denen wir gute Beziehungserfahrungen gemacht haben, wirken auf unsere Motivation und Energie wie ein »Verführungsreiz«: Wir werden aktiv, halten uns gerne in deren Gegenwart auf und sind bereit, für diese Beziehung auch etwas zu opfern. Gelingende zwischenmenschliche Beziehungen sind also der Motor für Motivation und Vertrauen (vgl. Bauer, 2008).

### 3.4.1 Sich gegenseitig dienlich zu sein, ist eine solide Grundlage für Beziehung

Dies gilt auch für die Beziehung zwischen den Anbietern der Führungskräfteentwicklung und den Teilnehmenden. Und hier hat sich in vielen Umfeldern etwas an der Identität der Führungskräfteentwickler verändert. Während auch hier v. a. Experten tätig waren, die oft zur Entwicklung von Stärken und zum Ausgleich von Defiziten angetreten sind, stehen heute vielmehr zunächst folgende Fragen im Vordergrund:
- Was genau soll ermöglicht werden?
- Welchen Rahmen (Beziehung, Umfeld, Didaktik) wollen wir daher schaffen?
- Welche Haltung brauchen wir als »Experten« dazu und zu welcher Haltung laden wir die Teilnehmenden ein?

Beispielsweise kann es für ein Führungsprogramm zum Thema Führen in Krisenzeiten weniger wichtig sein, zu erläutern, was in Krisen alles passiert, sondern vielmehr durch einzelne Impulse, durch einen starken Austausch, Vorbilder, Zeit und Aufmerksamkeit einen Rahmen zu schaffen, in dem Führungskräfte das wieder finden, was ihnen derzeit am meisten fehlt: Vertrauen in sich selbst, Vertrauen in andere und Vertrauen in den guten »Lauf der Welt«.

Im Kleinen bedeutet das eine Haltung der »Lehrenden«, die eher mit »containment«, also mit »Halten« beschrieben werden kann, die also möglichst wenig bewertet. Eine Haltung, die Phänomene offen beschreiben lässt, verschiedene Empfindungen dazu erkundet, unterschiedliche Erklärungen dafür heranzieht und Auswirkungen auf das Handeln der Betreffenden reflektiert. So bleibt der Blickwinkel möglichst lange offen und ein bewusstes Wählen der weiteren Handlung wird ermöglicht. Damit können sich Führungskräfte neu und gezielt zu sich selbst, zu einer Situation oder zu anderen »in Bezug setzen«! Eine feste Vorstellung, wie etwas oder v. a. wie jemand »richtig« zu sein hat, verhindert leider allzu oft vertrauensvolle Beziehungen. Und die Beziehungen sind es, das »Fühlen« darin und die Fähigkeit zur Integration, die dafür sorgen, dass Potenziale in einem selbst und in anderen in diesen Zeiten frei werden. In der Kindheitsentwicklung entstehen solche integrativen Fähigkeiten über gesunde Bindungserfahrungen. In die Führungskräfteentwicklung bringen alle Beteiligten diese Erfahrungen mit wie ein unsichtbares Netz. In den Kontexten, die jetzt für Weiterentwicklung geschaffen werden, können diese Erfahrungen nicht rückgängig gemacht werden, sie können nur »bestätigt« oder neu »erfahren« werden.

- **Wachstum heißt, im Fluss zu bleiben**

Wenn wir Führungskräfte also befähigen wollen, sich in Umfeldern mit maximaler Komplexität zurechtzufinden, dann geht es aus neurobiologischer Sicht darum, das Wachstum möglichst vieler integrativer Vernetzungen (Siegel, 2007) anzuregen. Und dafür braucht es Beziehungserfahrungen, in denen man flexibel, positiv anpassungsfähig, mit sich kohärent (eins) und mit viel Energie ausgestattet bleibt. Ein Wachstum dieser integrativen Fähigkeiten erfordert dabei immer wieder eine Art »inneren Lauschangriff« und die Auseinandersetzung mit Sinnfragen und einer korrespondierenden Ethik. Zum Beispiel mit Einheiten von Bewegung, Achtsamkeitstraining, Kontemplation, Musik, Kunst, Kultur oder auch bewussten Pausen und Ritualen, gemeinsam verrichteten Tätigkeiten. Der Erfolg ist dabei weniger eine Frage der Methode als vielmehr, ob es von allen Seiten »mit Liebe« gemacht ist: mit Offenheit, Entdeckerfreude und Gestaltungslust, Vertrauen und Muße. Wenn Menschen eingeladen sind, mitzudenken und sich davon berühren lassen, d. h. wenn es ihnen unter die Haut geht! Es geht darum, dem Lernen Tiefe zu geben. Und am besten gelingt das, wenn sich alle Beteiligten in einer guten Beziehung verbunden fühlen (vgl. Hüther, 2004).

## 3.5 Dimension 4: »Erfolgsfaktoren« – auf einen Blick: quadratisch, praktisch, gut

> Erkläre es mir und ich werde es vergessen. Zeige es mir und ich werde mich erinnern. Lass es mich selber machen und ich werde es verstehen. (Konfuzius)

Manchmal ist es nur ein einziger Satz, der uns an das Wesentliche wieder erinnert. Viele, die praktisch im Feld der Führungskräfteentwicklung arbeiten, und auch die Führungskräfte selbst sehen sich häufig schnell wechselnden Situationen gegenüber, bei denen für lange Vorbereitungen und grundlegende Ausarbeitungen leider manchmal keine Zeit bleibt. In solchen Fällen ist es gut, sich an ein paar ausgewählte Thesen zu erinnern, die sozusagen »quadratisch, praktisch, gut« aus der Praxis für die Praxis entstanden sind.

- **Erst Wurzeln, dann Flügel:** Dieser Satz aus der Kindererziehung ist ebenso Leitgedanke für die Führungskräfteentwicklung. Die »Wurzelstärkung« mit einem sicheren Fundament des grundlegenden Führungswissens, einer klaren Verankerung in den eigenen Werten und der eigenen Persönlichkeit sowie eine vertrauensvolle Verbindung mit Führungsvorbildern (z. B. Mentoring) ist im wahrsten Sinne »Wurzel des Erfolgs«.
- **Zusammen ist man weniger allein:** Die soziale, emotionale Dimension des Führens kann man nur in Beziehungen weiterentwickeln. Der Austausch unter Kollegen, das Stärken des Netzwerks, das vertrauensvolle Besprechen von Führungssituationen ist ein wichtiger Ankerpunkt jeder Führungskräfteentwicklung.
- **Liebe geht durch den Magen:** Die Rahmenbedingungen, die für das Lernen geschaffen werden, sind ein entscheidender Faktor für die Wirksamkeit. Hier wirkt das Umfeld symbolisch und kann die wichtigen Botschaften und Haltungen entweder unterstützen oder konterkarieren.
- **Im Seminar wird selten gelernt:** Jede Möglichkeit der bewussten Auseinandersetzung und kontinuierlichen Begleitung einzelner Gruppen oder Personen (z. B. Review, Intervision, Coaching) stärkt die Wirksamkeit.
- »Wenn jeder Manager **Wertschätzung und Aufmerksamkeit** in seinem Verantwortungsbereich hinbekäme, dann geht die Produktivität hier um 30% nach oben, das garantiere ich ihnen!«: In Großunternehmen hat Führungskräfteentwicklung oft den Auftrag, über verschiedene Hierarchieebenen hinweg eine gelingende Kommunikation zu fördern. Im Gegensatz dazu wird jedoch häufig zu viel mit der

gleichen Ebene gearbeitet und zu wenig ebenenübergreifend. In Klein- und mittelständischen Unternehmen hingegen kann es wichtig sein, die häufige Vermischung von Positionen immer wieder zu differenzieren und die hohe Nähe der verschiedenen Ebenen zeitweilig aufzulösen, um eine gelingende Kommunikation eher durch Klarheit der Absichten und Standpunkte zu ermöglichen.

- **Du erntest, was du säst:** Selbst routinierte Praktiker kennen und schätzen den Effekt, den auch Sportler kennen: Die »Wettkampfvorbereitung«, die Anreise, das Einschwingen mit Kollegen oder im jeweiligen Umfeld, die bewusste Fokussierung der eigenen Aufmerksamkeit beeinflussen das Ergebnis entscheidend.
- **Energy flows, where attention goes:** Die Fokussierung der Aufmerksamkeit kanalisiert das Geschehen, sie kann dabei in die Lösungen fließen oder in das Problem.
- **Rituale:** Viele Veranstaltungen, Workshops, Begleitungen leben von höchster Dichte an Informationen, Austausch, des Programms. Zum erfolgreichen Verdauen und Verankern leisten hier kontinuierlich eingebaute Rituale der Besinnung – ob durch Bewegung, Ruhe, Schreiben, Musik, Geschichten etc. – einen hervorragenden integrativen Beitrag.
- **Ohne Intuition keine kompetente Professionalität und ohne Professionalität keine tragfähige Intuition:** Entwicklung braucht beide Seiten und wenn der »ganze Mensch« gesehen und bestärkt wird, können Inhalte auch »ganz« verankert werden, kann der eigene autonome Zugang zu verschiedenen Situationen und damit auch stimmige Wege für die Zusammenarbeit gefunden werden. »The aim of Whole Person Learning is to promote autonomy in the person and between persons. Autonomy and collaboration are interrelated terms. You cannot have the one without the other« (Taylor, 2007, S. 1).
- **Die Seele rechnet nicht in Mengen, sondern in Qualitäten:** In einem von Zahlen, Daten, Fakten dominierten Umfeld kann Führungskräfteentwicklung manchmal auch »Seelenpflege« bedeuten, so dass die Welt nicht nur verstanden, sondern auch in ihren Qualitäten empfunden werden kann.
- **Das Leben findet nicht auf der Metaebene statt, doch von da aus kann es die Steuerung verbessern:** Wenn Führungskräfte die Möglichkeit haben, immer wieder Distanz zum Geschehen zu gewinnen, den eigenen Kopf zu ordnen und die Gefühle einzuordnen, dann leistet Führungskräfteentwicklung schon einen großen Beitrag, zu dem es manchmal einfach einen Ansprechpartner braucht, ob persönlich, telefonisch, per E-Mail oder SMS.
- **Es gibt Zeiten, da braucht Liebe hauptsächlich unspektakuläre Anwesenheit:** Gerade in schwierigen und in Krisenzeiten kann mit

wenigen Ressourcen sehr viel erreicht werden, wenn einfach Räume für gemeinsames Deuten der Situation, gegenseitige Unterstützung, Eröffnen neuer Blickwinkel und eine »gefühlte Menschenwürde« geschaffen werden.
- **Anerkennen, was war, und Neues tun:** Die Verantwortlichen für die Führungskräfteentwicklung sind oft dann wegweisend und gestaltend im Unternehmen, wenn sie selbst einen Schritt voraus sind, wenn sich Experten zusammentun und voneinander lernen, wenn neue Wege und neue Medien erkundet werden und Professionalität untereinander geteilt wird, nicht nur mit dem Kunden.
- **Nicht alles hat seinen Sinn, doch vielem kann man Sinn verleihen:** Je komplexer die Anforderungen werden, desto mehr brauchen Führungskräfte eine Unterstützung, dem Ganzen immer wieder einen Sinn zu verleihen.

### Zusammenfassung

Es schließt sich der Kreis in der Geschichte vom Bogenschützen: »Und so ist das auch mit der Führung«, sagte der Alte. »Es mag euch Führungskräften so vorkommen, als hätten eure Vorbilder zu jeder Gelegenheit die passende Lösung. Doch in Wirklichkeit sind wir unablässig auf der Suche nach Antworten und Lösungen. Ich sehe genau hin, nehme gezielt wahr und warte. Und wenn ich – so viele Male am Tag und an verschiedensten Plätzen – auf eine Lösung stoße, die mich berührt, weil sie unter die Haut geht und die Situation ebenso wie die Menschen verändert, dann versuche ich, mich an diese zu erinnern. Und wenn die Zeit reif ist, dann muss ich nicht mehr nach einer passenden Antwort zu einer bestimmten Gelegenheit suchen, sondern ich nutze die passende Gelegenheit, um die Antwort zu geben. Denn Helden, die nur Helden sein können, sind schwach.« (Angelehnt an Izzy, 2006, S. 112 ff.)

# Performance Management

*Klaus Götz*

4.1 Das Humankapital als Bedingung für profitables Wachstum – 68

4.2 Performance messen – 69

4.3 Performance managen – 71

4.4 Balanced Scorecard als ein »Tool« des Performance Managements – 72

4.5 Intellectual-Capital-Ansatz als ein »Tool« des Performance Managements – 74

4.6 Implikationen für das Human Resource Management – 76

Während es sich die Unternehmen in früheren, weniger turbulenten Zeiten noch leisten konnten, ihr Hauptaugenmerk selektiv auf einzelne zu verbessernde Felder der Unternehmung zu richten (Qualitätsverbesserung, Kundenorientierung, Prozessoptimierung usw.), sind die Zeiten von Versuch und Irrtum im Management heute vorbei, denn Fehler sind nur sehr schwer und langfristig zu korrigieren. Mängel bei Managementprozessen und -systemen wirken sich unmittelbar und mit negativen Folgen auf die Umsetzung der Unternehmensstrategie aus. »Performance Management Systeme« (PMS) benötigen neben eindeutig quantifizierbaren Kunden- und Wettbewerbsindikatoren insbesondere solche Indikatoren, die eine Aussage über nur qualitativ ermittel- und bewertbare Sachverhalte machen können, beispielsweise die Kunden- oder Mitarbeiterzufriedenheit. Im Rahmen von Performance Management (PM) und insbesondere bei der Implementierung von PMS spielen also v. a. die Mitarbeiter einer Unternehmung eine wichtige Rolle.

## 4.1 Das Humankapital als Bedingung für profitables Wachstum

Die zunehmende Vernetzung der Welt, das »globale Dorf« (McLuhan & Fiore, 1968; McLuhan & Powers, 1989), begünstigt aufstrebende Wirtschaftsnationen insbesondere im asiatisch-pazifischen Raum. Durch die Globalisierungstendenzen (vgl. Götz & Bleher, 2007) werden zudem im Zuge der Deregulierung und Privatisierung immer mehr bisher geschützte Märkte dem Wettbewerb preisgegeben. Der Konkurrenz um die Kunden steht die Konkurrenz um das Kapital bzw. die potenziellen Kapitalgeber um nichts nach.

Global agierende und expandierende Unternehmen (vgl. Götz & Bleher, 2006) sind nicht zuletzt auf eine externe Kapitalzufuhr angewiesen, um ihr Wachstum zu finanzieren. Das dazu notwendige verfügbare Kapital ist mobiler denn je und unter Umständen nicht nur schnell akquiriert, sondern ebenso schnell wieder verloren. Die Diskussion um sog. Hedgefonds und die Finanzkrise wären in diesem Zusammenhang zu nennen. Kurzfristig werden sich hier kaum alle (Kurs-)Schwankungen und Unsicherheiten ausräumen lassen. Umso mehr rückt eine langfristige und umfassendere Wertmaximierung des Unternehmens, die deutlich über den Unternehmenswert in Form des Aktienkurses hinausgeht, in das Zentrum der Aufmerksamkeit. Das Ziel muss nach Ansicht der Unternehmen letztlich profitables Wachstum sein, um den Anforderungen des Finanzmarkts Rechnung zu tragen. Dies nicht als Selbstzweck, sondern um den entscheidenden Produktionsfaktor in der Wissensgesellschaft und den mit Abstand teuersten Produktionsfaktor, gerade in Hochlohnländern, möglichst effizient zu nutzen: das Humankapital.

### ■ Messen der erbrachten Leistung

Aus den obigen Ausführungen wird ersichtlich, dass »Performance Management« auf ein »Performance Measurement« angewiesen ist, also die Messung von Leistung, die sowohl der Entscheidungsunterstützung als auch der Verhaltensbeeinflussung dient. Daraus ergeben sich Implikationen für das Human Resource Management (HRM) bzw. die Organisation der betrieblichen Weiterbildung. In diesem Prozess kommt den Führungskräften eine entscheidende Rolle zu, insbesondere hinsichtlich der Gestaltung von adäquaten Rahmenbedingungen, die dazu beitragen müssen, die Motivation, Leistungsbereitschaft und letztlich die tatsächliche Leistung der Mitarbeiter zu fördern bzw. zu erhöhen. Darauf soll in ▶ Abschn. 4.6 weiter eingegangen werden.

Zunächst befasst sich ▶ Abschn. 4.2 mit den Grundzügen des Performance Measurement als wichtige Grundlage für das PM. Hier soll auch der inhaltliche Wandel des Performancebegriffs diskutiert werden. In ▶ Abschn. 4.3 werden die grundlegenden Überlegungen zum Thema PM respektive PM-System (PMS) skizziert. Anschließend wird exemplarisch auf 2 konkrete Instrumente zur Implementierung eines PMS eingegangen. Im Einzelnen sind dies der Balanced-Scorecard-(BSC-)Ansatz (▶ Abschn. 4.4) sowie der Intellectual-Capital-Ansatz (▶ Abschn. 4.5). In beiden Ansätzen findet die effiziente Nutzung des Humankapitals bei der Implementierung einer Unternehmensstrategie explizite Berücksichtigung. Eine Zusammenfassung schließt die vorliegende Ausarbeitung mit einem Resümee und einem Ausblick in die Zukunft ab.

## 4.2 Performance messen

Die Diskussion über Talente und deren Performance hat sich vom finanziellen zum mehrdimensionalen Performancebegriff hin geändert. Die erste Schwierigkeit, die sich im Zusammenhang mit dem Konstrukt PM zeigt, ist die, dass bereits der Begriff Performance mehr als eine Bedeutung hat und »… bis heute kein kohärentes Begriffsverständnis zum Thema Performance besteht« (Krause, 2006, S. 17). Allerdings wird der Begriff »Leistung« als Übersetzung des Wortes »Performance« in der englischsprachigen Fachliteratur mit einer Bedeutung versehen, die stärker zukunftsorientiert ist und deutlicher auf nichtfinanzielle Aspekte sowie Anspruchsgruppen neben den Kapitalgebern ausgerichtet ist.

Was Performance konkret bedeutet, bestimmen individuell ausgewählte Performancekriterien. Inwiefern diese realisiert werden, muss mittels Performanceindikatoren gemessen werden. Dabei hat sich mehr und mehr die Erkenntnis durchgesetzt, dass monetäre Steuerungsgrößen alleine nicht mehr ausreichen, um das gesamte, dimensionenübergreifende Leistungsvolumen eines Unternehmens abzubilden und einen langfristigen wirtschaftlichen Wert zu schaffen, wobei sich insbesondere die Vergangenheitsorientierung traditioneller, meist bilanzorientierter Konzepte als problematisch erwies.

> Not only is the information which it [traditional financial control; K. G.] produces outdated and too imprecise to provide a basis for decisions on customer relationships or products; in addition autonomous employees need goals and incentives other than the usual based on profit and return on investment and modeled on the income statements used in financial accounting. (Olve, Roy & Wetter, 1999, S. 10)

- **Sicherung der Wettbewerbsfähigkeit des Unternehmens**

Der (mehrdimensionale) Performancebegriff steht demgegenüber in engem Zusammenhang mit dem Wettbewerbs- und Unternehmensumfeld, das bedeutet, dass entscheidende Einflussfaktoren wie beispielsweise der stetige Anpassungsdruck auf die gesamte Wertschöpfungskette der Unternehmen explizit berücksichtigt werden. Dadurch kann einer der Hauptgefahren rein finanzieller Performancegrößen entgegengewirkt werden, nämlich der Vernachlässigung des Gesamtprozesses der Leistungserstellung durch die interne Fokussierung auf die Messung von Leistungen, die nicht mehr mit den primären Geschäftsanforderungen übereinstimmen.

Die eingeschränkte Verständlichkeit finanzieller Performanceindikatoren provoziert ein Kommunikationsproblem hinsichtlich der Integration der Unternehmensstrategie in das tägliche operative Geschäft. Im Rahmen der zunehmenden Betonung der Fähigkeiten der Mitarbeiter gewinnt auch ihre Versorgung mit verständlichen, auf ihre Bedürfnisse zugeschnittenen Informationen an Bedeutung (Hoffmann, 2000), was bei finanziellen Messgrößen – bedingt durch den jeweiligen berufsfachlichen Hintergrund – jedoch nicht auf allen Hierarchiestufen gegeben ist. Wichtig ist, dass der Sinn von etwas eher Abstraktem wie einer Unternehmensvision oder einer übergeordneten und gleichsam den Handlungsrahmen weisenden Unternehmensstrategie deutlich wird, damit die Tätigkeit als solche und der ggf. damit verbundene Mehraufwand nicht als Selbstzweck erscheint. Es zeigt sich, dass aus rein finanzorientierten Performancemessungen generierte Informationen oftmals Defizite hinsichtlich ihrer Strategierelevanz aufweisen.

Vitale & Marinac konnten 1995 in vielen US-amerikanischen Unternehmen inadäquate, finanzlastige Performance-Measurement-Systeme identifizieren, die außerstande waren, wettbewerbsentscheidende Faktoren in die tatsächlichen Entscheidungsprozesse zu integrieren. An dieser Stelle zeigt sich, dass Performancemessgrößen auf die strategischen Unternehmensziele abgestimmt sein müssen und diese widerspiegeln sollten. Es lassen sich jedoch nicht alle strategisch relevanten Faktoren in finanzielle Größen überführen.

Aus den oben angeführten Unzulänglichkeiten rein finanzorientierter Performanceindikatoren ergibt sich gleichsam zwangsläufig die »Notwendigkeit eines mehrdimensionalen Performancebegriffs« unter Einbeziehung finanzieller wie nichtfinanzieller Indikatoren. »Zahlreiche Autoren haben seit Beginn der 1990er Jahre die Erhebung nicht-finanzieller Kennzahlen gefordert und auf die Bedeutung ihres konsequenten Monitoring für das Unternehmen hingewiesen (…). Nicht finanzielle Kennzahlen werden als Vorlaufindikatoren (›leading indicators‹) für die finanziellen Ergebnisindikatoren (‚lagging indicators') betrachtet« (Krause, 2006, S. 25). Über den Erfolg einer solchen mehrdimensionalen Performancemessung entscheidet nicht zuletzt die geschickte Verknüpfung finanzieller und nichtfinanzieller Indikatoren sowie v. a. auch die genaue Kenntnis über Ursache-Wirkung-Zusammenhänge, ein Sachverhalt, der sich in der Praxis als durchaus problematisch erweisen kann, worauf im Zusammenhang mit dem Balanced-Scorecard-Ansatz eingegangen wird.

## 4.3 Performance managen

Wenngleich PM das Messen von Leistung im Sinne von Performance Measurement als wesentliches Element beinhaltet, so bedeutet es de facto weit mehr als das. »Performance Measurement greift insofern zu kurz, als Leistung nicht nur gemessen, sondern aktiv erzeugt werden muss. Dabei spielt vor allem die effektive Interaktion der Akteure eine entscheidende Rolle« (Krause, 2006, S. 39). PM kann Techniken enthalten, mit denen Manager in Abstimmung mit den übergeordneten Unternehmenszielen die Performance ihrer Mitarbeiter planen und verbessern können. Jetter (2000, S. 13) definiert PM grundsätzlich als systematischen, »an der Unternehmensstrategie ausgerichteten Managementprozess, der sicherstellen soll, dass die Summe aller im Unternehmen erzielten Leistungen respektive Ergebnisse den Leistungsanforderungen und Erwartungen an das Unternehmen entspricht und somit die Wettbewerbsfähigkeit des Unternehmens sicherstellt«.

Aus diesen Ausführungen wird deutlich: PM muss als ein Gesamtsystem zur Leistungssteigerung gesehen werden, dessen besonderer Zweck in der Koordination und Steuerung von Einzelmaßnahmen sowie der Berücksichtigung von Interaktionsbeziehungen innerhalb der Organisation liegt. PM soll Unternehmen befähigen, ihre Strategien erfolgreich am Markt umzusetzen, um die gesteckten Ziele zu erreichen, und dies nicht zuletzt durch Rahmenbedingungen (beispielsweise ein motivierendes

Arbeitsumfeld), unter denen die einzelnen Mitarbeiter ihre Potenziale ausschöpfen können. PM im Sinne einer proaktiven Schaffung verbesserter Leistungs- und damit Wettbewerbsfähigkeit stellt jedoch einen hochkomplexen Prozess dar. »All organizations want performance from their members; however, the criteria for performance vary widely across these organizations, and while performance is highly desired, not all organizations know how to inspire it« (Allen, 2000, S. 7).

Spangenberg (1994) identifiziert 4 wesentliche Kennzeichen eines PMS. Auf die Planung der Performance (1. Performance Planning) folgen Aktivitäten, die auf die Beeinflussung der Performance abzielen, bzw. darauf, diese gezielt zu steuern (2. Managing Performance). Die tatsächlich erbrachte Leistung der verschiedenen Leistungsebenen im Unternehmen muss schließlich evaluiert werden (3. Performance Measurement), um die bisher gewählten Vorgehensweisen und Maßnahmen ggf. abzuändern und insbesondere auch die Belohnung der Performance durchzuführen (4. Rewarding Performance). Gerade der letzte Schritt der Leistungshonorierung darf dabei im Sinne einer leistungsorientierten Unternehmenskultur und eines effektiven Anreizsystems nicht vernachlässigt werden, da den Mitarbeitern im Rahmen des PM eine besondere Bedeutung zukommt.

Die praktische Umsetzung eines PMS stellt die Verantwortlichen vor viele offene Fragen. Neben der Auswahl geeigneter, teilweise unternehmensspezifischer Performanceindikatoren und der Entwicklung eines effizienten Performance Measurements muss v. a. ein Vorgehen gewählt werden, das als Rahmen und Orientierungshilfe bei der Umsetzung dienen kann. Viele dieser Ansätze haben in den 1980er oder 1990er Jahren große Bekanntheit erlangt und langfristige Trends im Management nicht nur widergespiegelt, sondern z. T. auch mitgeprägt. Exemplarisch sind in diesem Zusammenhang Total Quality Management (TQM), Lean Management, Business Reengineering, Kaizen, Kontinuierlicher Verbesserungsprozess (KVP) oder auch der Intellectual-Capital-Ansatz sowie seit Mitte der 1990er Jahre verstärkt der Balanced-Scorecard-Ansatz zu nennen. Letzterer soll als ein konsistentes Prozessmodell für ein strategieorientiertes PM nachfolgend exemplarisch dargestellt werden.

## 4.4 Balanced Scorecard als ein »Tool« des Performance Managements

Der Balanced-Scorecard-(BSC-)Ansatz (vgl. Kaplan & Norton, 1997) gehört zu den einflussreichsten Konzepten zur Gestaltung von PMS und weist eine relativ weite Verbreitung auf. Anspruch des BSC-Ansatzes ist es, einen Rahmen zur Entwicklung eines ausgewogenen – d. h. an finanziellen wie nichtfinanziellen, externen wie internen Werttreibern und Ergebnisindikatoren orientierten – PMS bereitzustellen; er steht somit v. a. für die strategische Perspektive des PMS.

> A new strategic direction calls for new information for planning, decision-making, monitoring progress, and control. Therefore, management control must also take account of external factors and be broadened to include strategy information which will indicate whether or not the business will continue to be competitive in the future. (Olve et al., 1999, S. 13)

Grundgedanke des BSC-Ansatzes ist die Konkretisierung von Vision und Strategie einer Organisation durch die Ableitung von Zielen, Kennzahlen, Zielwerten und Maßnahmen zur Realisierung. Diese Kategorisierung basiert auf der Erkenntnis, dass die Strategieimplementierung in den meisten Unternehmen nur mangelhaft erfolgt (vgl. Götz & Weßner, 2010). Gerade die stärkere Zukunftsorientierung erweitert entscheidend den Horizont strategischer Entscheidungen und manifestiert sich in der Lern- und Entwicklungsperspektive, die eine von 4 grundlegenden Perspektiven ist, die den konzeptionellen Rahmen des BSC-Ansatzes darstellen. Die 3 übrigen Perspektiven sind die Finanzperspektive, die interne Prozessperspektive sowie die Kundenperspektive. Die kausale Verknüpfung aller 4 Messgrößen ist der eigentliche Kern der BSC. Der Balanced-Scorecard-Ansatz impliziert damit gleichsam eine Fokussierung auf die Antizipation zukünftiger Ereignisse anstelle einer reinen Ex-post-Abbildung finanzieller Ergebnisse. »For companies financial performance is usually the long-run aim, but the other measures provide early signals and are more appropriate for keeping the business on course« (Olve et al., 1999, S. 18). Ein weiterer Vorteil ist die universelle Einsetzbarkeit des BSC-Ansatzes. In der Praxis findet er v. a. dort Anwendung, wo verschiedenartige Messgrößen strukturiert werden müssen, beispielsweise bei der Steuerung von Großprojekten oder etwa der Integration neuer (Geschäfts-)Prozesse. So konnte sich der BSC-Ansatz im Laufe seiner Entwicklungsgeschichte von einem Konzept zur Ausgestaltung eines Performancemesssystems zu einem Ansatz des strategischen Managements und einem Planungs- und Feedbackinstrument entwickeln.

Nach Kaplan & Norton (1997) kennzeichnen dabei 4 Komponenten die BSC als strategisches Managementsystem:
1. »Clarifying and Translating the Vision and Strategy«
2. »Communicating and Linking«
3. »Planning and Target Setting« und
4. »Strategic Feedback and Learning«.

Der entscheidende Nutzen des BSC-Ansatzes wird in seiner Eignung als Kommunikationsinstrument bei der Operationalisierung von Unternehmensstrategien gesehen. Problematisch ist in diesem Zusammenhang die grundlegende Annahme, dass die Mitarbeiter gleichsam automatisch ihre Verhaltensweisen adaptieren, d. h. quasi selbstständig die notwendigen Handlungen tätigen, die nötig sind, um die organisationalen Ziele zu erreichen.

In diesem Zusammenhang wird in ▶ Abschn. 4.6 auf die grundsätzlichen Implikationen eingegangen, die sich vor dem Hintergrund vieler moderner PMS und managementtheoretischer Ansätze für das Human Resource Management hinsichtlich der Anforderungen an den einzelnen Mitarbeiter ergeben. Wenngleich zahlreiche Elemente der BSC nicht gänzlich neu sind, so ist die Integration der verschiedenen Elemente in ein konsistentes Prozessmodell eines strategieorientierten PM ein ganz entscheidender Entwicklungsschritt. Die scheinbare Einfachheit des Aufbaus einer BSC darf jedoch nicht von der tatsächlichen Komplexität des Ansatzes ablenken, die spätestens dann zu Tage tritt, wenn es darum geht, konkrete Ziele, Ressourcen, Verantwortlichkeiten und Messgrößen auf allen Hierarchiestufen zu etablieren.

Empirisch sind die Anstrengungen der Unternehmen bei der Umsetzung des BSC-Ansatzes von einer gewissen Ambivalenz geprägt. Wenngleich in einer Umfrage 68% der Befragten der Aussage zustimmen, es habe sich dadurch eine positive Wirkung auf die konsequente Strategieumsetzung erzielen lassen, so berichten ganze 86% der Nutzer, es sei keine Verbesserung der Planung und Budgetierung erfolgt, und 68% konnten keine Verbesserung der strategiekonformen Ressourcenallokation feststellen (vgl. Krause, 2006, S. 4f.).

## 4.5 Intellectual-Capital-Ansatz als ein »Tool« des Performance Managements

Während die Balanced Scorecard einen sehr engen Bezug zum internen Reportingsystem eines Unternehmens besitzt, geht der Intellectual-Capital-Ansatz von einer völlig anderen Fragestellung aus: Er sucht nach einer Erklärung für unter Umständen stark divergierende Börsenkapitalisierungen bei Unternehmen mit vergleichbarer Kapitalausstattung und zielt somit auf die Schwächen der externen Rechnungslegung ab. Als Erklärung hierfür werden in der Bilanz nicht ausweisbare und damit quasi unsichtbare Vermögensbestandteile, sog. »intangible assets« identifiziert. Diese unsichtbaren Vermögensbestandteile sind v. a. Wissen und Kompetenzen, die insbesondere im Humankapital einer Organisation gebunden sind (vgl. Götz, 2009). Wissen und Kompetenzen der Mitglieder stellen das »Intellectual Capital« eines Unternehmens dar.

## 4.5 · Intellectual-Capital-Ansatz

> [Intellectual Capital, K.G.] ... has become widespread in recent years (...) the most frequent meaning is »packaged useful knowledge« (...), which is assumed to be the reason why a company is valued at more than the sum of the »hard« assets in its balance sheet, even if these have been written up to their current market value. (Olve et al., 1999, S. 27)

Für die detaillierte Aufschlüsselung des Intellectual Capital einer Unternehmung existieren verschiedene, teils unternehmensspezifische Klassifizierungen, die wiederum »oft als Grundlage für die Bestimmung von Performancedimensionen genutzt werden« (Hoffmann, 2000, S. 67).

Grundsätzlich stellen allerdings Human Capital und das sog. Structural Capital die 2 wichtigsten Elemente des Intellectual Capital dar. Dabei stehen beide in enger Beziehung zueinander, wobei das Intellectual Capital quasi die Infrastruktur des Human Capital darstellt und an das Unternehmen gebunden ist. Das Structural Capital lässt sich zudem untergliedern in Customer und Organisational Capital, Ersteres zielt auf die Kunden und deren Loyalität und auch »Qualität« ab, Letzteres auf Knowledge-Sharing-Systeme zur Wissensgenerierung respektive zum Abbau von Wissensbarrieren bei den Mitarbeitern. Dass diese unsichtbare Kapitalart direkt in Verbindung mit dem Humankapital einer Organisation steht, ist evident.

> Intellectual Capital is cultivated in part by hiring and developing the right kind of employees – in other words, by increasing human capital. But since this resource is volatile, the need for stability must be met by tying accumulated competence and capability to the company in a more lasting way. (Olve et al., 1999, S. 27 f.)

Beim Management des Intellectual Capital nimmt das Structural Capital nicht zuletzt deshalb eine Schlüsselrolle ein, weil es eine Hebelwirkung auf das Human Capital ausüben kann (vgl. Edvinsson, 2000). Es mehren sich die Anzeichen, dass der Wert des Intellectual Capital und damit auch der Wert des Human und Structural Capital auch an der Börse zunehmend erkannt und honoriert wird, insbesondere in wissensbasierten Branchen, wo der Anteil dieser »intangible assets« naturgemäß relativ hoch ist. Der Intellectual-Capital-Ansatz weist einige Gemeinsamkeiten mit der Balanced Scorecard auf (Konzentration auf einige wenige Größen, Bedeutung des Strategiebezugs, Notwendigkeit mehrdimensionaler Messgrößen), fokussiert allerdings stark auf die Interdependenzen zwischen den einzelnen Dimensionen des Intellectual Capital, was auch den größten Unterschied zum BSC-Ansatz ausmacht. Bei den Monitoringinstrumenten des Intellectual-Capital-Ansatzes stehen die mitarbeiterbezogenen Indikatoren im Vordergrund.

## 4.6 Implikationen für das Human Resource Management

Ein erfolgreiches PM hat zur Voraussetzung, dass die Mitarbeiter von dem Instrument überzeugt sind. Ihre Kompetenzen müssen im Unternehmen sichtbar werden. Wenngleich nicht alle neueren managementteoretischen Ansätze eine so wissensbasierte Betrachtungsweise wie der Intellectual-Capital-Ansatz haben, so wurde der Faktor Humankapital, und eng damit verbunden das Wissen und die Kompetenzen der Mitarbeiter, spätestens seit den 1980er Jahren deutlich höher bewertet als zuvor. Bereits McGregor (1960) stellte mit seiner »Theorie X und Y« die klassischen, tayloristisch geprägten Annahmen (»Theory X«) den Annahmen der »Theory Y« gegenüber, die mit einer stärkeren Betonung des Potenzials eigenverantwortlichen Handelns, der Motivation und auch der Kreativität der Mitarbeiter den Weg zu einer stärkeren Integration der Mitarbeiter in die Organisation wies.

> ... McGregor called Theory Y »the integration of individual and organizational goals« and held that it led to »the creation of conditions such that the members of the organization can achieve their own goals best by directing their efforts toward the success of the enterprise. (Wren, 1993, S. 375)

Diese Einsichten trugen schließlich dazu bei, dass im Rahmen der organisationalen Leistungssteigerung und Prozessverbesserung zunehmend auch auf das »in weiten Teilen brachliegende kreative Fähigkeiten-Potential der Arbeitskräfte« (Schust, 1994, S. 17) gesetzt wurde, basierend auf der Erkenntnis, dass rein auf hierarchischer Kontrolle basierende Organisationsformen keine optimale Effizienz ermöglichen. Insbesondere japanische Unternehmen setzten mit Ansätzen wie Total Quality Management (TQM) und Kaizen die positiven Effekte einer Arbeitsorganisation, die sich nicht zuletzt auch an den Bedürfnissen und Fähigkeiten der einzelnen Mitarbeiter orientiert, bereits relativ früh in geldwerte Wettbewerbsvorteile um. In diesem Zusammenhang stand v. a. die Mobilisierung der Mitarbeiter im Mittelpunkt. Es wurden Arbeitsbedingungen geschaffen, die Gruppenarbeit und die Mitwirkung des Einzelnen begünstigten, Mitarbeiter in Arbeitsmethoden und Problemlösungstechniken geschult, um ihrer neuen Verantwortung gerecht zu werden, und all dies mit dem Ziel, dass jeder Mitarbeiter seine ganze Erfahrung und Qualifikation mit in die Organisation sowie zur Verwirklichung der organisationalen Ziele einbringt. Der Erfolg von TQM und Kaizen verbreitete diese und ähnliche Ansätze, wie beispielsweise den sog. Kontinuierlichen Verbesserungsprozess (KVP), seit den 1980er Jahren in allen großen Industrienationen und lenkte somit auch dort den Fokus des Interesses zunehmend auf den Faktor Humankapital sowie dessen möglichst effiziente Nutzung.

Dabei spielt das HRM naturgemäß eine entscheidende Rolle, mehr und mehr setzte sich die Erkenntnis durch, dass »die Wettbewerbsposition nicht nur durch die Markt-, Kosten- und Technologieposition geprägt [wird, K.G.], sondern maßgeblich von der Human Resources-Position, da letztlich nur Menschen durch ihre Fähigkeiten und Leistung (Performance) die Differenzierung des Unternehmens im Wettbewerb schaffen können« (Schust, 1994, S. 13). Hierbei wird die Verbindung von HRM und PM deutlich, die Mitarbeiter müssen im Rahmen eines erfolgreichen PM nicht nur überzeugt werden von der Richtigkeit und Wichtigkeit der strategischen Ziele einer Organisation (Commitment), sondern sie müssen auch vor dem Hintergrund ihrer Kenntnisse und Kompetenzen befähigt werden, Eigenverantwortung zu tragen und Entscheidungen im Sinne der Organisation treffen zu können.

Die Bedeutung des HRM wächst analog zu der sich verbreitenden Annahme, dass der Mitarbeiter in der Organisation nicht nur den teuersten Produktionsfaktor, sondern auch den primären Leistungsträger darstellt. Die unterstützende Rolle des HRM für das PM beginnt dabei mit dem Auswahlverfahren im Rahmen des Recruiting neuer Mitarbeiter und nimmt ihre Fortsetzung in der betrieblichen Weiterbildung. Es geht darum, ihnen neue Kompetenzen und Fähigkeiten zu vermitteln und sie so zu eigenverantwortlichem Handeln zu befähigen, um letztlich nicht nur das Humankapital, sondern v. a. das strukturelle Kapital einer Organisation zu vermehren. Dabei geht es ganz konkret um die Verbesserung der Wettbewerbsfähigkeit durch die Vermeidung einer Divergenz zwischen dem vorhandenen Qualifikationspotenzial der Mitarbeiter und seiner effektiven Nutzung. Außerdem sind in fortgeschrittenen Industriegesellschaften bzw. der sog. Dienstleistungsgesellschaft zunehmend Fähigkeiten der Mitarbeiter gefragt, die zuvor von Industrie und Wirtschaft als eher zweitrangig angesehen wurden, wie beispielsweise innovatives, kreatives Verhalten, Flexibilität, Teamfähigkeit und auch Risikobereitschaft.

Neue Formen der Arbeitsorganisation wie Projektarbeit und damit eng verbunden die Arbeit in (interdisziplinären) Teams, an die die Mitarbeiter unter Umständen erst herangeführt werden müssen, sollen die Leistungsfähigkeit der Organisation stärken, die Wettbewerbsfähigkeit sicherstellen und somit entscheidend zu einem effektiven wie effizienten PM beitragen. Neben der obligatorischen fachlichen Qualifizierung sollten die Teammitglieder dabei zusätzlich soziale Kompetenz, Konfliktlösungsfähigkeit und Vernetzungs- und Integrationsfähigkeit nachweisen und v. a. an ihrer Persönlichkeitsentwicklung arbeiten.

**Zusammenfassung**

- PM soll entwicklungsrelevante Prozesse aktiv unterstützen, indem relevante Kriterien benannt und entsprechende Indikatoren zur Messung der Performance definiert werden. Diese Faktoren sind eine wichtige Voraussetzung zur Strategieumsetzung und zur Verbesserung der Unternehmensperformance. Dabei spielt die erfolgreiche Kommunikation der Unternehmensstrategie sowie von entsprechenden Indikatoren und Zielgrößen über alle Hierarchiestufen hinweg eine wichtige Rolle. In diesem Kommunikationsprozess muss einer der entscheidenden Erfolgsfaktoren bei der Umsetzung eines PM gesehen werden. Ein langfristiges Commitment nicht nur auf der Managementebene, sondern auch – und dies ist ganz entscheidend – bis zu dem einzelnen Mitarbeiter hinab liefert einen wesentlichen Beitrag zur Performance einer Organisation.

- Dem Einzelnen und seinem Beitrag zur organisationalen Zielerreichung wird eine strategisch wichtige Rolle zugeschrieben. Das Personal stellt durch das in ihm gebundene Humankapital das entscheidende Leistungspotenzial eines Unternehmens dar und dieses Potenzial kann nur dann ausgeschöpft werden, wenn die Fähigkeiten der Mitarbeiter mit deren Commitment kombiniert werden können. Um latent vorhandenes, aber ungenutztes Humankapital aktivieren zu können, muss die klassische, hierarchisch strukturierte und funktional differenzierte Organisationsstruktur zumindest teilweise zugunsten flacherer Führungsstrukturen und kleinerer, selbstständiger Einheiten aufgebrochen werden. Ein derartiger Umbruch zu mehr Eigenverantwortung und größerer Freiheit in kleineren Einheiten läuft kaum reibungs- bzw. geräuschlos ab. Auch wenn die Aus- und Weiterbildungsprogramme in den Unternehmen zur Weiterentwicklung der Potenziale der Mitarbeiter und Führungskräfte forciert werden, bedarf es zusätzlich eines Wandels in der Unternehmenskultur. Talentmanagement kann dazu einen Beitrag leisten. PMS stellen in diesem Kontext Instrumente des Change Managements dar, dabei geht es um die Verzahnung von Führungsaufgaben und den im engeren Sinne wertschöpfenden Tätigkeiten zur Durchführung einerseits und der Verzahnung zwischen Potenzialen und Ergebnissen andererseits.

- In diesem Zusammenhang spielt auch das HRM eine wichtige Rolle. Wenn nur solche Formen der Arbeitsorganisation als zeitgemäß gelten können, die neben sog. Hygienefaktoren wie Einkommen und soziale Absicherung v. a. auch Entscheidungsfreiräume zu eigenverantwortlichem Handeln bieten, dann spielen die Kompetenzen jedes Einzelnen eine tragende Rolle im System der Organisation. Je kompetenter Mit-

▼

arbeiter als Elemente des Systems sind, desto leichter ist deren Selbstorganisation möglich. Motivation zur Performance durch ein Klima der Leistung und Anerkennung und nicht zuletzt eine Persönlichkeitsentwicklung des Einzelnen, die den Schlüssel zum Kompetenzvorsprung im Wettbewerb darstellt, sind wichtige Erfolgsfaktoren einer progressiven Unternehmenskultur. Diese Kultur muss maßgeblich durch das HRM mitgeprägt werden, z. B. durch Maßnahmen der Personalentwicklung und eine Ausrichtung von Anreizsystemen. Dies ist nicht nur notwendig, um die Leistungspotenziale der Mitarbeiterinnen und Mitarbeiter effizient nutzen zu können, sondern auch um die Grundlage für eine bessere Leistungsfähigkeit der gesamten Organisation zu legen

# Serviceteil

Literatur – 82

Stichwortverzeichnis – 88

# Literatur

Allen, R.W. (2000). *A behavior known as performance*. Orlando: The Dryden Press Series in Management.

Argyris, C., & Schön, D.A. (1974). *Theories in practice*. San Francisco: Jossey-Bass.

Arnold, R. (1999). Die ermöglichungsdidaktische Wende in der Berufsbildung. Anmerkungen zur Integration von erfahrungsorientiertem und intentionalem Lernen. *Berufsbildung, 57*(6), 2.

Arnold, R., & Schüßler, I. (2000). Deutungslernen in der Erwachsenenbildung. In A. Cuvry, F. Haeberlin, W. Michl & H. Breß (Hrsg.), *Erlebnis Erwachsenenbildung. Zur Aktualität handlungsorientierter Pädagogik* (S. 314–326). Neuwied: Luchterhand.

Arnold, R., & Siebert, H. (1995). *Konstruktivistische Erwachsenenbildung. Von der Deutung zur Konstruktion von Wirklichkeit*. Baltmannsweiler: Schneider.

Baecker, D. (1994). *Postheroisches Management*. Berlin: Merve.

Baecker, D. (Hrsg.). (2003). *Kapitalismus als Religion*. Berlin: Patmos.

Barker, R.A. (1997). How can we train leadership if we do not know what leadership is? *Human Relations, 50*(4), 343–362.

Bass, B.M. (1990). *Bass and Stogdill's handbook of leadership: Theory, research and managerial applications* (3rd ed.). New York: Free Press.

Bass, B.M. (2005). *Transformational Leadership*. Mahwak, NJ: Erlbaum.

Bauer, J. (2008). *Prinzip Menschlichkeit. Warum wir von Natur aus kooperieren*. München: Heyne.

Bohlken, Eike (2011). *Die Verantwortung der Eliten: eine Theorie der Gemeinwohlpflichten*. Frankfurt/M.: Campus.

Boltansky, L., & Chiapello, E. (2003). *Der neue Geist des Kapitalismus* (franz. Original 1999). Konstanz: Universitäts Verlag Konstanz.

Boss, P., & Hildenbrand, A. (2008). *Verlust, Trauma und Resilienz: Die therapeutische Arbeit mit dem »uneindeutigen Verlust«*. Stuttgart: Klett-Cotta.

Bourdieu, P. (1983). Ökonomisches Kapital – Kulturelles Kapital – Soziales Kapital. In P. Bourdieu (Hrsg.), *Die verborgenen Mechanismen der Macht* (S. 49–80). Hamburg: VSA.

Brodbeck, K.-H. (2011). *Buddhistische Wirtschaftsethik. Eine Einführung* (2. Aufl.). Berlin: edition Steinrich.

Cunliffe, A.L. (2009). The philosopher leader: On rationalism, ethics and reflexivity. – A critical perspective to teaching. *Management Learning, 40*(1), 87–101.

Davidson, P., & Honig, H. (2003). The rule of social and human capital among nascent entrepreneurs. *Journal of Business Venturing, 18*(2), 310–331.

Dohne, K.D. (2009). *Gute Führung merkt man nicht*. Unveröffentlichter Artikel. [Verfügbar unter www.kddohne.de]

Dörr, S. (2007). Fit für den Wandel durch transaktionale und transformationale Führung. *Wirtschaftspsychologie aktuell, 1*, 23–26.

Eck, C.D. (1999). Charisma zwischen Religion und Management. Über die Zusammenhänge von Charisma und Führung. In W. Jacob (Hrsg.),

*Charisma. Revolutionäre Macht im individuellen und kollektiven Erleben* (S. 139-174). Zürich: Chronos.

Eck, C.D. (2003a). *Den Tiger reiten. Vom Umgang mit Dilemmata und Paradoxien des Managements* (Workshop-Unterlagen). Zürich: IAP (ZHAW).

Eck, C. D. (2003b). Die Inszenierung von Beratung und Entwicklung. Zur Dramaturgie psychosozialer Interventionen in Organisationen – eine Skizze. Zürich: IAP (ZHAW).

Eck, C.D. (2007a). *Der Chef muss Navigator sein. Eine Chautauqua zum 10-jährigen Jubiläum des ABB-CH »General Management Programm«*. Baden: ABB-CH und Zürich: IAP (ZHAW).

Eck, C.D. (2007b). Führung – Leadership: Thesen und Hypothesen zu einem Irrlicht der Praxis und Theorie der Organisationsgestaltung. In R. Ballreich, M.W. Fröse & H. Piber (Hrsg.), *Organisationsentwicklung und Konfliktmanagement. Innovative Konzepte und Methoden*. Bern: Haupt.

Eck, C.D. (2009a). Endzeit des Neoliberalismus? *Theologie und Praxis, 35*(1), 3–18.

Eck, C.D. (2009b). *Seafarer or soldier: which metaphor grasps the complexity of PM better?* Zürich: IPMA Expert Seminar 2009.

Eck, C.D. (2010a). Kompetenzen modellieren. In B. Werkmann-Karcher & J. Rietiker (Hrsg.), *Angewandte Psychologie für das Personalmanagement*. Heidelberg: Springer.

Eck, C.D. (2010b). Human Resource Development – die Funktion, welche Kompetenzen entwickelt und fördert. In B. Werkmann-Karcher & J. Rietiker (Hrsg.), *Angewandte Psychologie für das Human Resources Management*. Heidelberg: Springer.

Eck, C.D. (2013). Ethische Fragen im Coaching von Führungskräften und Management-Gremien. In E. Lippmann (Hrsg.), *Coaching* (3., erweit. Aufl., S. 343–360). Heidelberg: Springer.

Eck, C.D. (2014). *Klugheit (Prónesis) – Freimut (Parrésia) – Eingreifendes Denken. Ein Beitrag zur Stilbildung in der Management-Entwicklung. Und: Der andere Blick auf das Management. Jenseits von Heldenerzählung und Sündenbockrolle* (im Druck).

Eck, C.D., Jöri, H., & Vogt, M. (2010) *Die Assessement-Center-Methode* (2., erweit. Aufl.). Heidelberg: Springer.

Edvinsson, L. (2000). Some perspectives on intangibles and intellectual capital. *Journal of Intellectual Capital, 1*, 12–16.

Elkjaer, B., & Vince, R. (2009). Teaching from critical perspectives. *Management Learning, 40*,(1), 5–101.

Felfe, J. (2005). *Charisma, transformationale Führung und Commitment*. Köln: HSV.

Foucault, M. (1972). L'ordre du discours. Paris: Gallimard (dt. 1974, München: Hanser).

Franzen, A., & Freitag, M. (2007). Sozialkapital – Grundlagen und Anwendungen. *Kölner Zeitschrift für Soziologie und Sozialpsychologie*, Sonderheft 47/2007. Wiesbaden: VS.

Galdynski, K., & Kühl, S. (Hrsg.). (2009). *Black-Box Beratung? Empirische Studien zu Coaching und Supervision*. Wiesbaden, VS.

Goldstein, N.J. (2009). Die 10 besten Ideen. So nutzen Sie sozialen Druck. *Harvard Business Manager, 2*, 2–14.

Goleman, D., & Boyatzis, R. (2009). Soziale Intelligenz – Warum Führung Einfühlung bedeutet. *Harvard Business Manager, 1*, 35–44.

Götz, K. (2009). *Wettbewerb um Wissen.* Augsburg: Ziel.

Götz, K. & Bleher, N. (2006). Toward the transnationalization of corporate culture. In C. Mann & K. Götz (Hrsg.), *Borderless business. Managing the far-flung enterprise* (S. 295–311). Westport (USA): Praeger.

Götz, K., & Bleher, N. (2007). Zur Entwicklung transnationaler Unternehmensidentitäten in einer Weltgesellschaft. *Zeitschrift für Personalforschung, 21*(2), 118–137.

Götz, K., & Weßner, A. (2010). *Von der Zukunftsforschung zum Strategic Foresight.* Frankfurt/Main: Lang.

Grint, K. (2000). *The art of leadership.* Oxford: Blackwell.

Gris, R. (2008). *Die Weiterbildung – Warum Seminare und Trainings Kapital vernichten und Karrieren knicken.* Frankfurt/Main: Campus.

Hannan, M.T., & Freeman, J. (1989). *Organizational ecology.* Cambridge, Mass.: Harvard University Press.

Hassenzahl, M. (2005). Interaktive Produkte wahrnehmen, erleben, bewerten und gestalten. In M. Eibl, H. Reiterer, P. F. Stephan & F. Thissen (Hrsg.), *Knowledge Media Design – Grundlagen und Perspektiven einer neuen Gestaltungsdisziplin* (S. 151–171). München: Oldenbourg.

Hausammann, F. (2007). *Personal Governance als unverzichtbarer Teil der Corporate Governance.* Bern: Haupt.

Heintel, P. (1991). Personalentwicklung in der Spannung von Organisation, Funktion und Person. Eine Skizze. In A. Bammé, W. Berger & E. Kotzmann (Hrsg.), *Klagenfurter Beiträge zur Technikdiskussion,* Heft 55. Klagenfurt: IFF.

Herdegen, M. (2008). *Völkerrecht* (7., überarb. u. erweit. Aufl.). München: Beck.

Hinterhuber, H., Schnorrenberg, L., Reinhardt, R., & Pircher-Friedrich, A.M. (2006). *Servant Leadership: Prinzipien dienender Unternehmensführung.* Berlin: Schmidt.

Hitzler, R., Hornbostel, S., Mohr, C. (Hrsg.). *Elitemacht.* Wiesbaden: VS.

Hoffmann, O. (2000). *Performance Management. Systeme und Implementierungsansätze* (3. Aufl.). Bern: Haupt.

Hogrefe, W. (2009). *Riskante Lebensnähe. Die szenische Existenz des Menschen.* Berlin: Akademie.

Hrivnak, G.A., Reichard, R.J., Riggio, R.E. (2009) A framework for leadership development. In S.J. Armstrong & C.V. Fukami (Hrsg.), *The Sage handbook of management, learning, education and development* (S. 456–475). London: Sage.

Hüther, G. (2004). *Die Macht der inneren Bilder.* Vandenhoeck & Ruprecht, Göttingen.

Huysman, M. (1999). Balancing biases: a critical review of the literature on organizational learning. In M. Easterby-Smith, L. Araujo & J. Burgoyne (Hrsg.), *Organizational learning and the learning organization.* London: Sage.

Iles, P. & Preece, D. (2006). Developing leaders or developing leadership? *Leadership, 2*(3), 317–340.

Izzy, J.B. (2006). *Im Zaubergarten des Erzählens.* Herder, Freiburg.

Jakobs, G. (2008). *Rechtszwang und Personalität.* Paderborn: Nordrhein-Westfälische Akademie der Wissenschaften.

Jetter, W. (2000). *Performance Management. Zielvereinbarungen. Mitarbeitergespräche. Leistungsabhängige Entlohnungssysteme.* Stuttgart: Schäffer-Poeschel.

Jones, O. (2005). Manufacturing regeneration through corporate entrepreneurship: Middle managers and organizational innovation. *International Journal of Operations and Production Management, 25*(5), 491–511.

Jordan, S., Messner, M., & Becker, A. (2009). Reflection and mindfulness in organizations: Rationales and possibilities for integration. *Management Learning, 40*(4), 465–473.

Jullien, F. (2005). *Conférence sur l'efficacité*. Paris: PUF.

Jungk, R. (1952). *Die Zukunft hat schon begonnen*. Stuttgart: Scherz.

Kälin, K., & Müri, P. (2005). *Sich und andere Führen. Psychologie für Führungskräfte, Mitarbeiterinnen und Mitarbeiter* (15. Aufl.). Bern: h.e.p.

Kanungo, R., & Misra, S. (1992). Managerial resourcefulness: a reconceptualization of management skills. *Human Relations, 45*(12), 1311–1332.

Kaplan, R.S., & Norton, D.P. (1997). *Balanced Scorecard: Strategien erfolgreich umsetzen*. Stuttgart: Schaeffer-Poeschel.

Kerschreiter, R., Brodbeck, F., & Frey, D. (2006). Führungstheorien. In H.-W. Bierhoff & D. Frey (Hrsg.), *Handbuch der Sozialpsychologie und Kommunikationspsychologie* (S. 619–628). Göttingen: Hogrefe.

Kittsteiner, H.D. (2008). *Weltgeist – Weltmarkt – Weltgericht*. München: Fink.

Koestenbaum, P. (2002). *Leadership – the inner side of greatness. A philosophy for leaders*. San Francisco: Jossey-Bass.

Krause, O. (2006). *Performance Management. Eine Stakeholder-nutzenorientierte und Geschäftsprozess-basierte Methode*. Wiesbaden: Gabler.

Kühl, S. (2007). Die geringe Hebelwirkung von Personalentwicklung. *Organisationsentwicklung, 26*()1, 42–45.

Küttner, A. (2009). *Neue Lernformate in der Führungskräfteentwicklung – eine explorative Studie über Erfolgskonzepte der Zukunft*. Unveröffentlichte Diplomarbeit, Universität Koblenz-Landau.

Leidenfrost, J. (2006). *Kritischer Erfolgsfaktor Körper? Leistung neu denken: Ressourcenpflege im Management*. München: Hamp.

Leidenfrost, J., Götz, K. & Hellmeister, G. (1999). *Persönlichkeitstrainings im Management. Methoden, subjektive Erfolgskriterien und Wirkfaktoren*. München: Hampp.

Leidenfrost, J., & Sachs, A. (2013). *Natürlich mehr leisten. Von Sportlern lernen – als Führungskraft erfolgreich sein, gesund bleiben*. Springer: Heidelberg.

Lorenzer, A. (1974). *Die Wahrheit der psychoanalytischen Erkenntnis. Ein historisch-materialistischer Entwurf*. Frankfurt/M.: Suhrkamp.

Lorenzer, A. (1977). *Sprachspiele und Interaktionsformen*. Frankfurt/M.: Suhrkamp.

Lyotard, J.-F. (1979). *La condition postmoderne*. Paris: Editions de Minuit (dt. Das postmoderne Wissen, 3. Aufl., 1994. Wien: Passagen).

Martin, A. (2009). *Global trends impacting leaders and leadership development*. orld Leadership Survey. Center for Creative Leadership. [Verfügbar unter ww.ccl.org]

McGregor, D. (1960). *The human side of enterprise*. New York: McGraw-Hill.

McLuhan, M., & Fiore, Q. (1968). *War and peace in the global village*. New York: Bantam.

McLuhan, M., & Powers, B.R. (1989). *The global village. Transformations in world life and media in the 21st century.* Oxford: Oxford University Press.

Mertens, D. (1974). Schlüsselqualifikationen. Thesen zur Schulung für eine moderne Gesellschaft. *Mitteilung aus der Arbeitsmarkt- und Berufsforschung, 1,* 36–43.

Mertens, D. (1977). Schlüsselqualifikationen. In H. Siebert (Hrsg.), *Begründungen gegenwärtiger Erwachsenenbildung.* Braunschweig: Westermann.

Mintzberg, H. (1973). *The nature of managerial work.* New York: Harper & Row.

Mintzberg, H. (1989). *Mintzberg on Management: Inside our strange world of Organizations.* New York: Free Press.

Mintzberg, H., Simons, R., & Basu, M. (2002). Distanzierendes versus Integratives Management. *Sloan Management Review, 44.* [Übersetzung C.D. Eck, IAP, Zürich]

Nassehi, A. (2012). *Besser optimieren. Kursbuch 171.* Hamburg: Murmann.

Nicholls, J. (1994). The »heart, head and hands« of transforming leadership. *Leadership & Organization Development Journal, 15,* 8–15.

Olve, N.-G., Roy, J., & Wetter, M. (1999). *Performance drivers. A practical guide to using the balanced scorecard.* Chichester: Wiley & Sons.

Ortenblat, A. (2002). Organizational learning: a radical perspective. *International Journal of Management Review, 4*(1), 71–85.

Perriton, L., & Reynolds, M. (2004). Critical management education: From pedagogy of possibility to pedagogy of refusal? *Management Learning, 35*(1), 61–77.

Pettigrew, A., Thomas, H., & Whittington, R. (Hrsg.). (2002). *Handbook of strategy and management.* London: Sage.

Pflänzing, N. (2009). *Die 12 neuen Gesetze der Führung. Der Kodex: Warum Management verzichtbar ist.* Frankfurt/M.: Campus.

Pulley, M.L. (1997). *Losing your job – reclaiming your soul: Stories of resilience, renewal, and hope.* San Francisco: Jossey-Bass.

Pümpin, C. (1992). *Strategische Erfolgspositionen.* Bern: Haupt.

Ruh, H. (2010). *Auf dem Weg zu einer Wirtschaftsordnung mit menschlichem Antlitz.* Zürich: Verso.

Sala, F. (2003). Laughing all the way to the bank. *Harward Business Review 18*(9), 16–17.

Schust, G.H. (1994). *Total Performance Management. Neue Formen der Leistungs- und Potentialnutzung in Führung und Organisation.* Stuttgart: Schäffer-Poeschel.

Seliger, R. (2008). *Das Dschungelbuch der Führung. Ein Navigationssystem für Führungskräfte.* Auer: Heidelberg.

Siegel, D.J. (2007). *Das achtsame Gehirn.* Freiburg: Arbor.

Spangenberg, H. (1994). *Understanding and implementing performance management.* Plumstead: Kenywn.

Staudt, E., & Kriegsmann, B. (2002). Weiterbildung: Ein Mythos zerbricht (nicht so leicht). In E. Staudt et al. (Hrsg.), *Kompetenzentwicklung und Innovation* (S. 71–125). Münster: Waxmann.

Sternberg, R.J. (2003). WICS: a model of leadership in organizations. Academy of Management. *Learning and Education, 2*(4), 386–401.

Taylor, B. (2007). *Learning for tomorrow: Whole person learning for the planetary citizen.* West Yorkshire, UK: Oasis.

Tichy, N.M., & Devanna, M.A. (1995). *Der Transformational-Leader. Das Profil der neuen Führungskraft*. Stuttgart: Klett-Cotta.

Vitale, M., & Marinac, S. (1995). How effective is your performance measurement system? *Management Accounting, 8,* 38–47.

Whipp, R. (1997). Creative destruction: strategy and organizations. S.R. Clezg, C. Hardy & W.R. Nord (Hrsg.), *Handbook of organizations studies* (2. Aufl., S. 261–275). London: Sage.

Whitley, R. (1999). *Divergent capitalism*. Oxford: Oxford University Press.

Wren, D.A. (1993). *The evolution of management thought* (4. Aufl.). New York: Wiley.

Wunderer, R., & Bruch, H. (2000). *Umsetzungskompetenz. Diagnose und Förderung in Theorie und Unternehmenspraxis*. München: Vahlen.

# Stichwortverzeichnis

## A

Achtsamkeit 41
Analogiebildung 52, 53
Antreibermodell 52
Aufmerksamkeitsfokussierung 41
Ausbildung, klassische 42
Autonomie 50

## B

Balanced Scorecard (BSC) 72, 74, 75
Bedürfnisse 48, 52
– hedonistische 49
Belohnung 72
Beziehungen 61, 62, 63
Beziehungslernen 59
Beziehungsorientierung 41
Bildung 43
Body-Mind-Trainingsprogramm 53

## C

Change-Prozesse 46
»containment« 61

## E

Einfühlung 61
Ethik 62

## F

Führung 36
– »Basis-Toolkit« 47
– emotionale Dimension 47, 59
– Erfolgsfaktoren 56
– transformierende 45, 46

Führungskräfteentwicklung
– Auftrag der 38
– Schwerpunkte 38
– zukunftsfähige 37
Führungsprogramme 47, 48
Führungsverständnis 39

## G

Globalisierung 39, 68

## H

»Herzensbildung« 46, 50
Humankapital 68, 74, 76, 78

## I

Identität 49, 55
innere Haltung 59, 60
Innovationsfähigkeit 57
»intangible assets« 74, 75
Integrationsfähigkeit 44, 50
Integrität 43, 53
Intellectual Capital 75
Intellectual-Capital-Ansatz 74
Intuition 50, 54, 64

## K

Kaizen 76
Kommunikation 63, 70, 73, 78
Kompetenzentwicklung 42
Komplexität 40, 42, 47, 62

# Stichwortverzeichnis

## L

Lebendigkeit 42
Leistung 52
Leistungsmessung 69
Lernen 58
Lernformate 59

## M

Metakompetenzen 43, 56

## N

Nachhaltigkeit 49, 50

## P

Paradoxien 44
Performancebegriff 69, 71
Performanceindikatoren 70
Performance Management 68
Performance Measurement 69, 71
Potenzialentfaltung 43
Potenzialförderung 56
Problemlösefähigkeit 35

## R

Reflexion 53
Rituale 64

## S

Selbsterkenntnis 53
Selbstreflexion 55
Sinn 65
Souveränität 43
Standortbestimmung, persönliche 56
Stimulation 44, 49, 55
Strategieimplementierung 73

Structural Capital 75
Symbolisierung 49, 55, 63

## T

Teamführung 53
Toleranz 40
Total Quality Management (TQM) 76

## U

Umsetzung von Programmen 45
Unternehmenskultur 79

## V

vernetztes Denken 40
Vernetzung 55, 62, 68

## W

Wachstum 55
Wachstumsprozesse 44
Wettbewerb 68, 77
Wettbewerbsfähigkeit 70, 71, 77
Wissensvermittlung 36

## Z

Zen 54

MIX
Papier aus verantwortungsvollen Quellen
Paper from responsible sources
FSC® C105338

If you have any concerns about our products,
you can contact us on
**ProductSafety@springernature.com**

In case Publisher is established outside the EU,
the EU authorized representative is:
**Springer Nature Customer Service Center GmbH
Europaplatz 3, 69115 Heidelberg, Germany**

Printed by Libri Plureos GmbH
in Hamburg, Germany